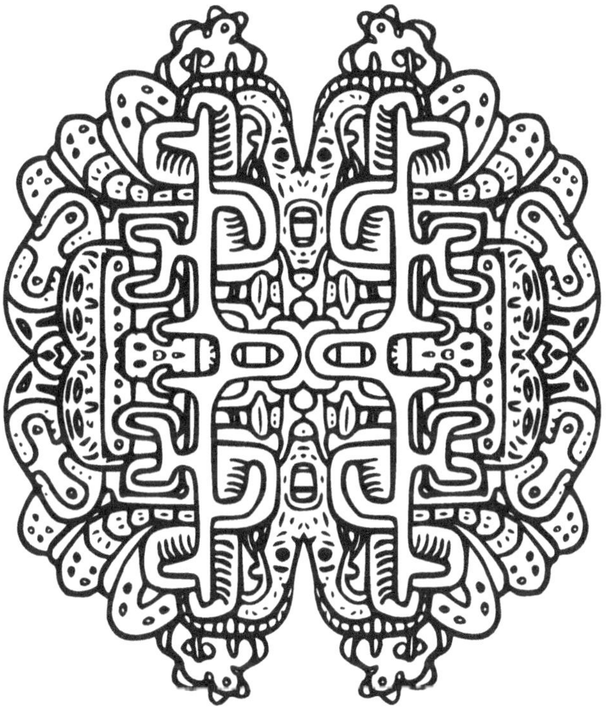

first edition, april 2015

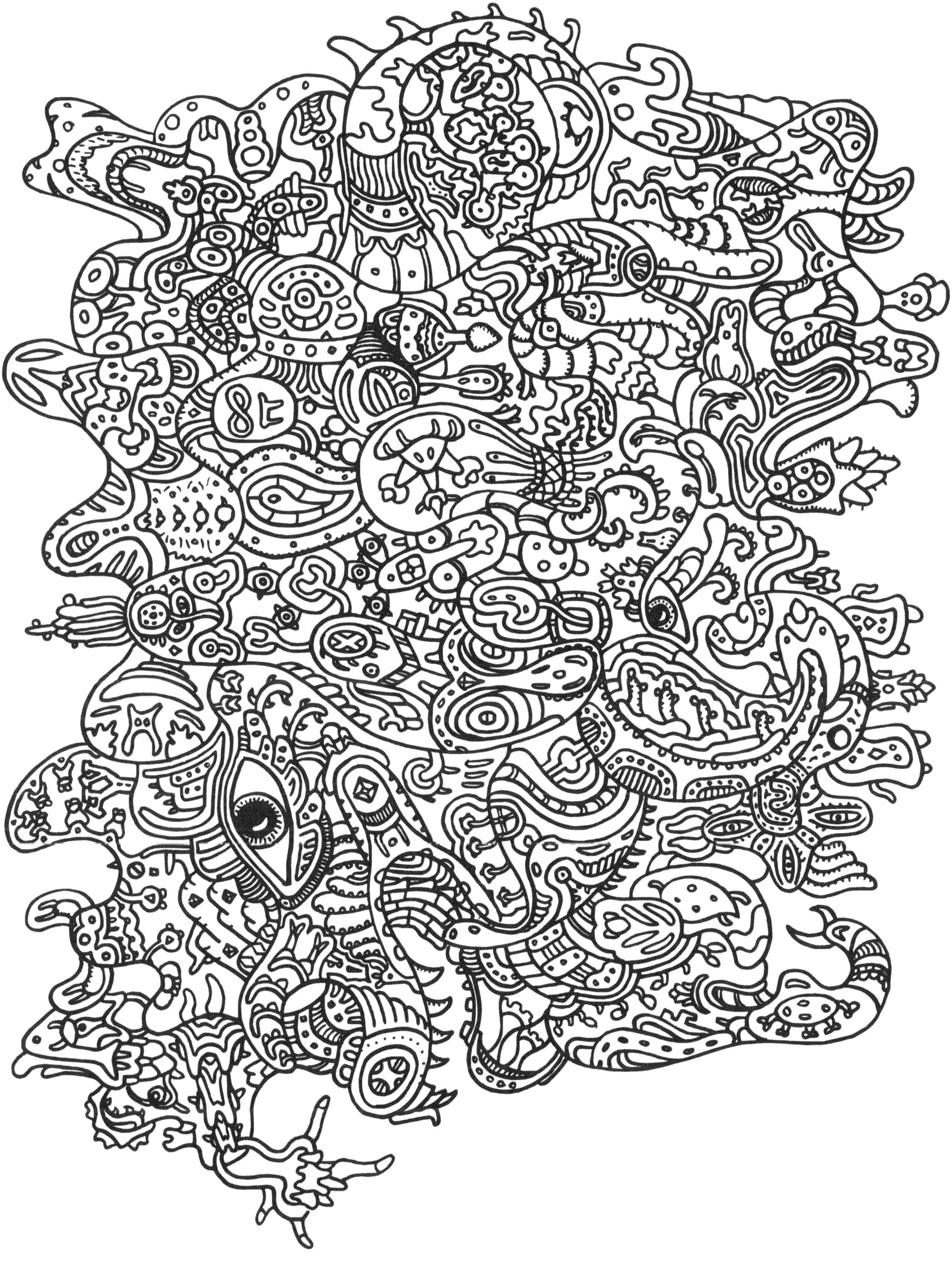

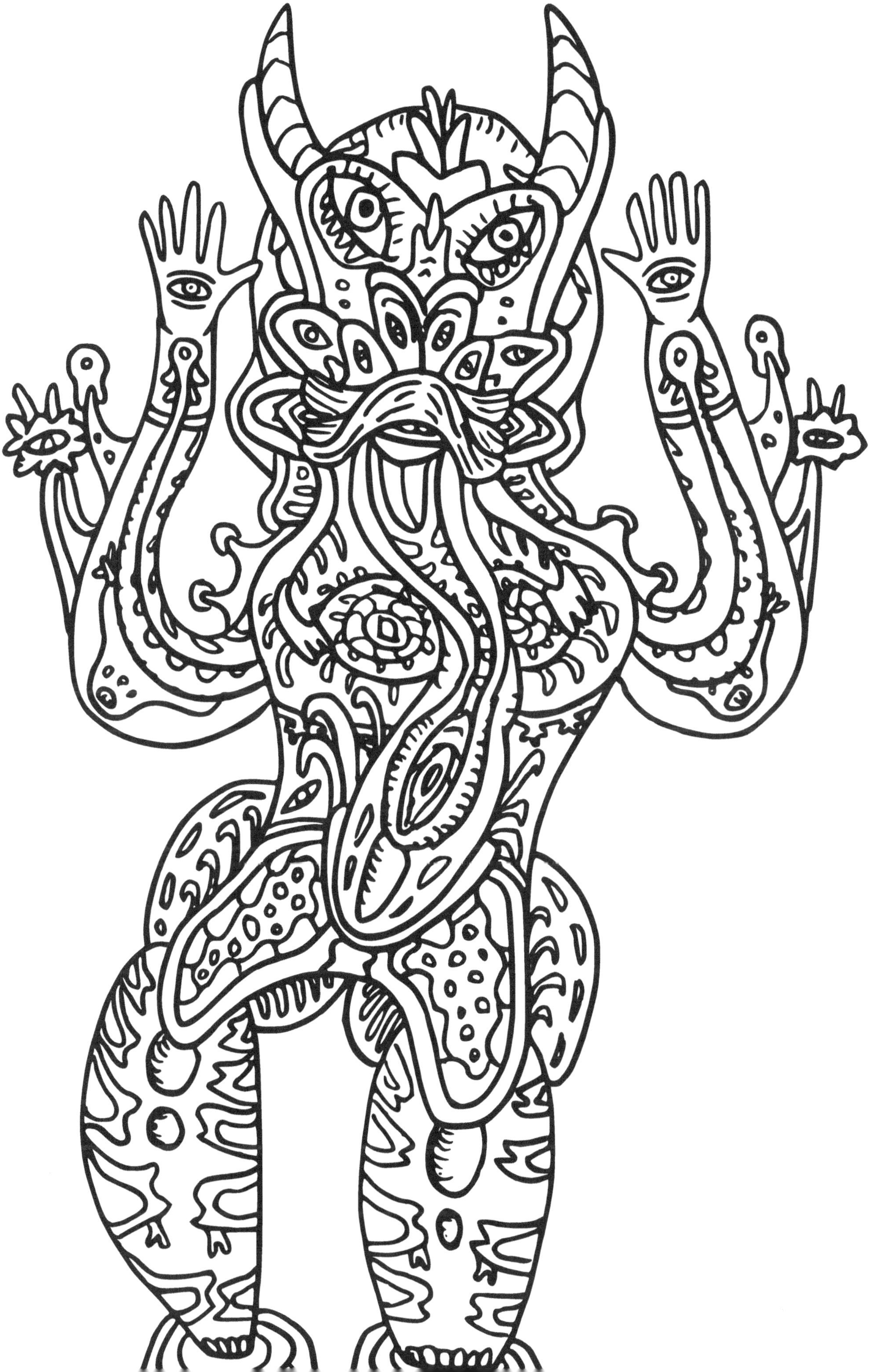

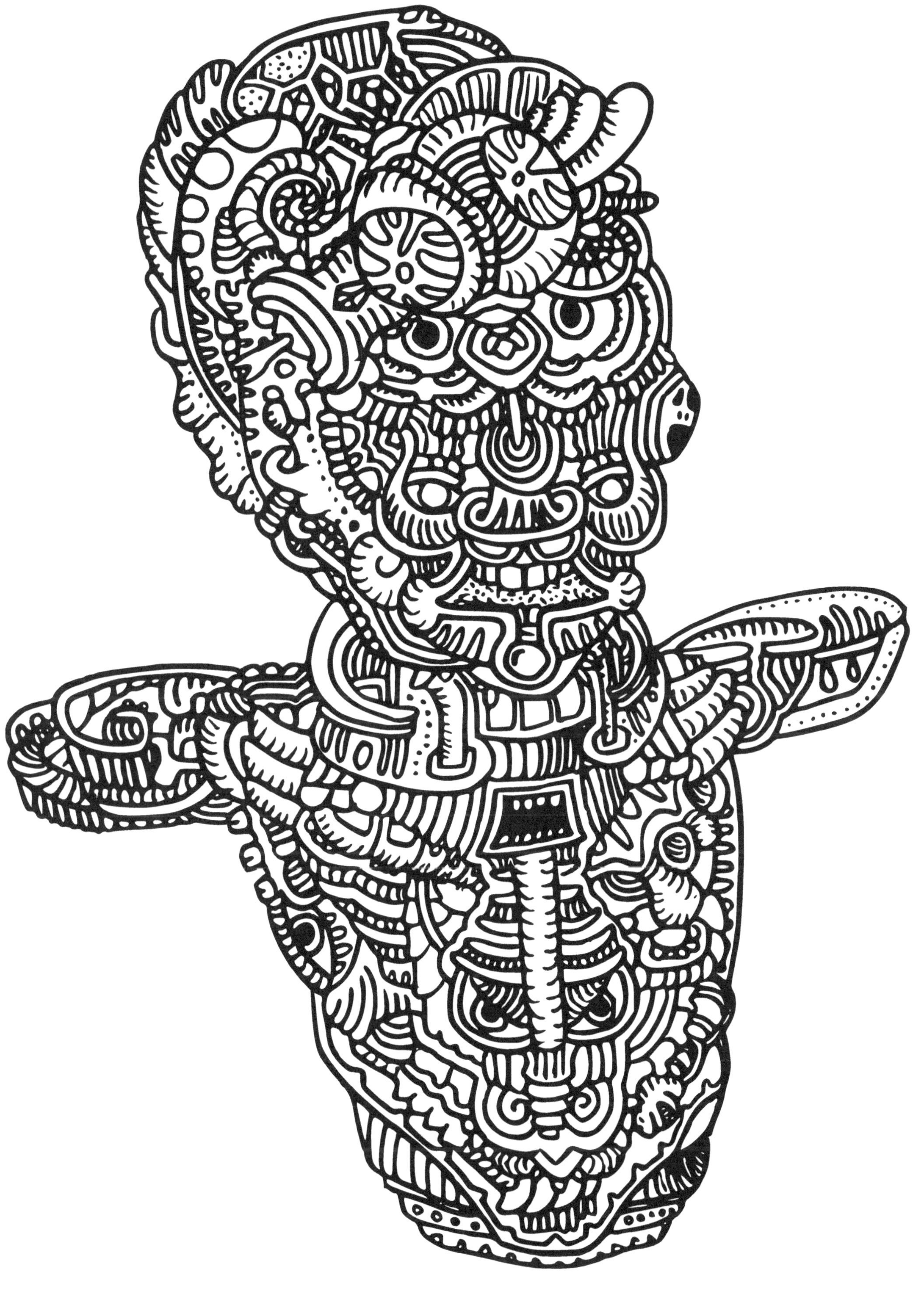

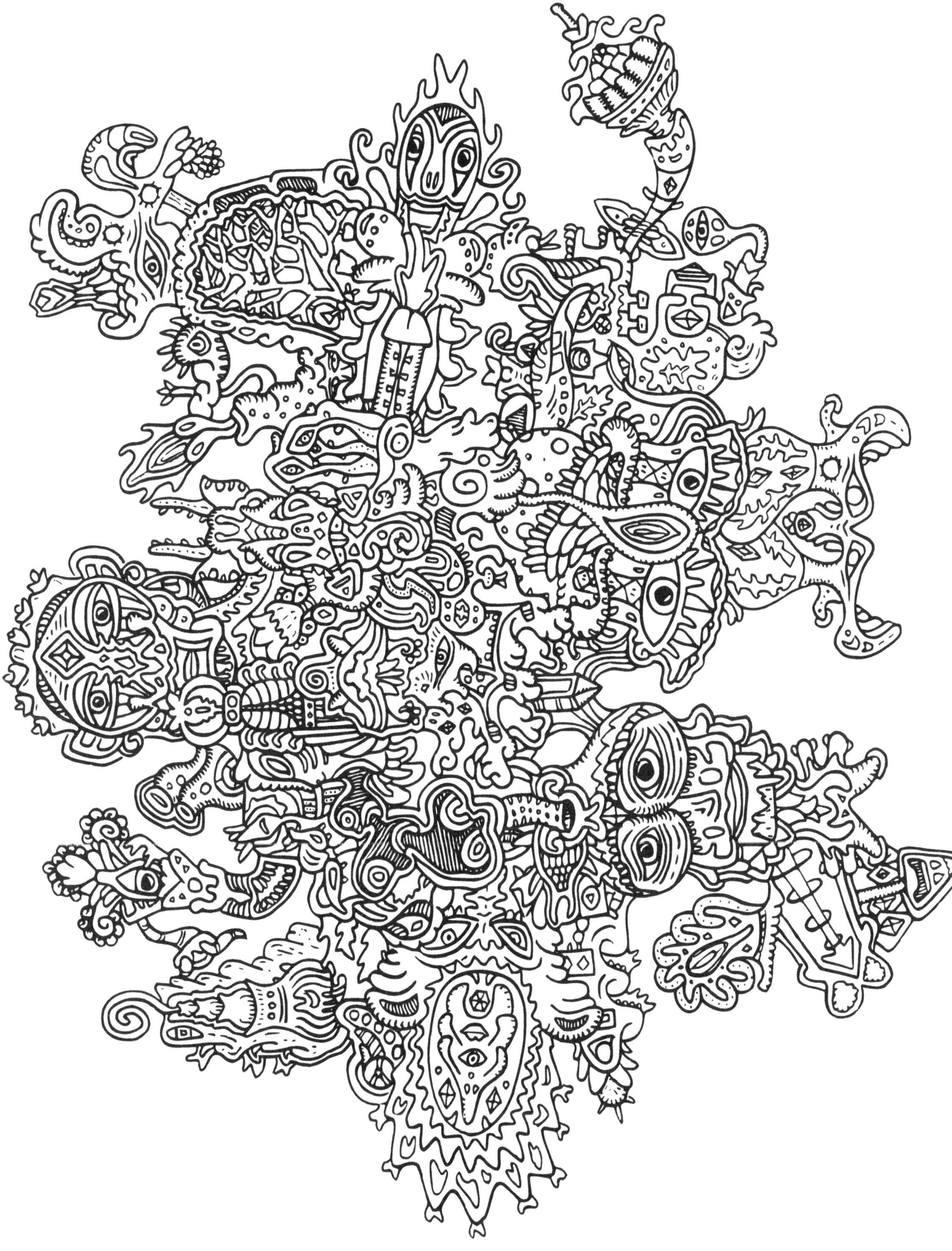

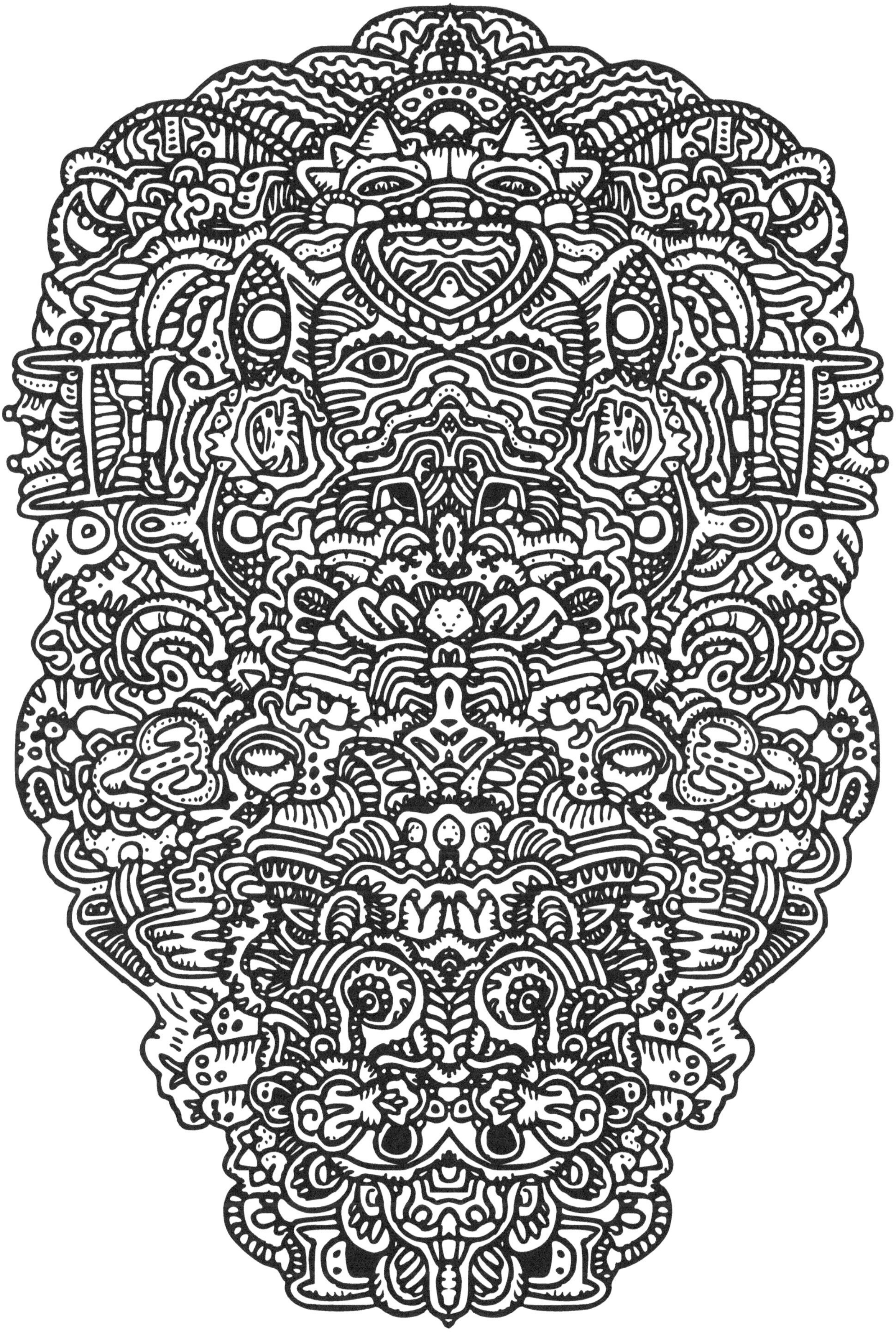

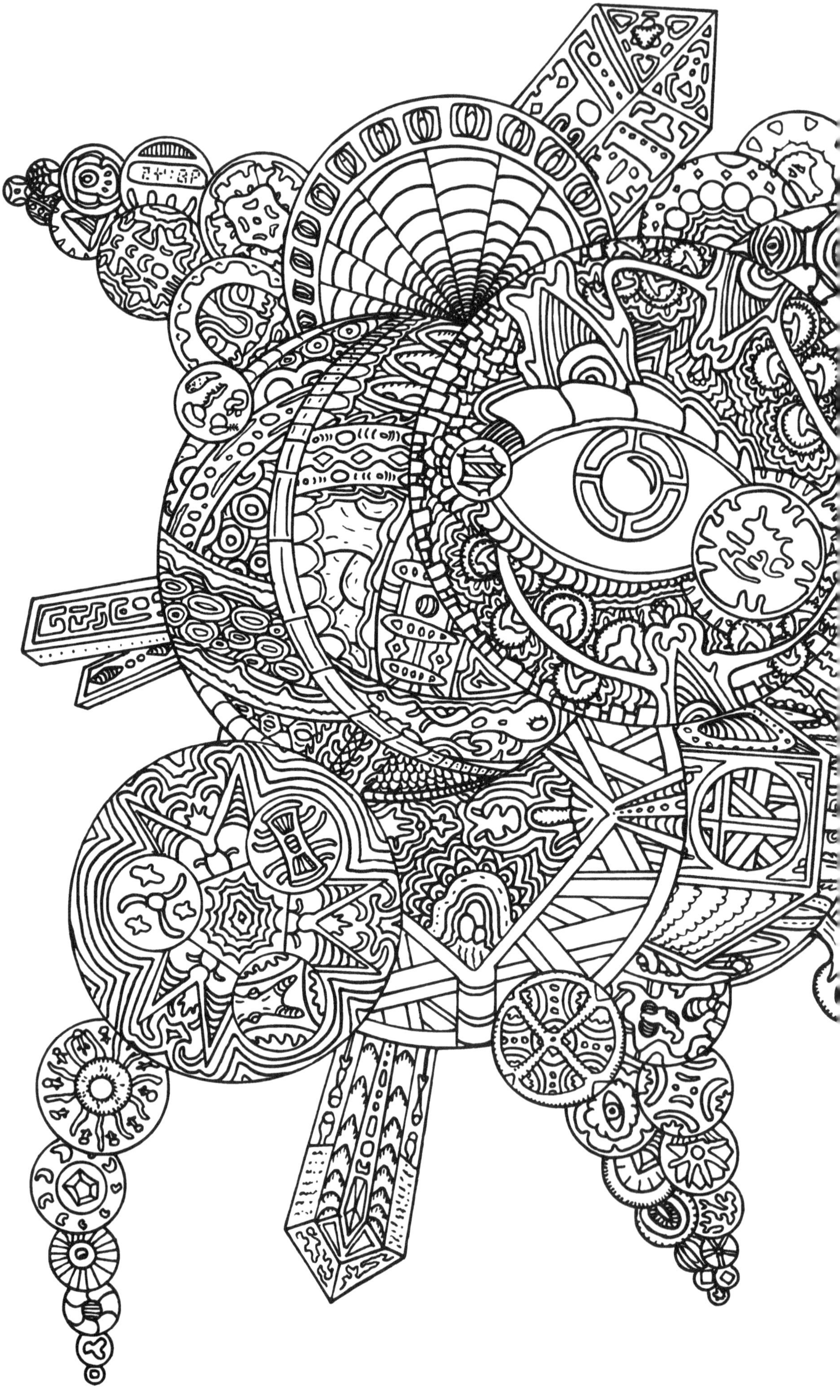

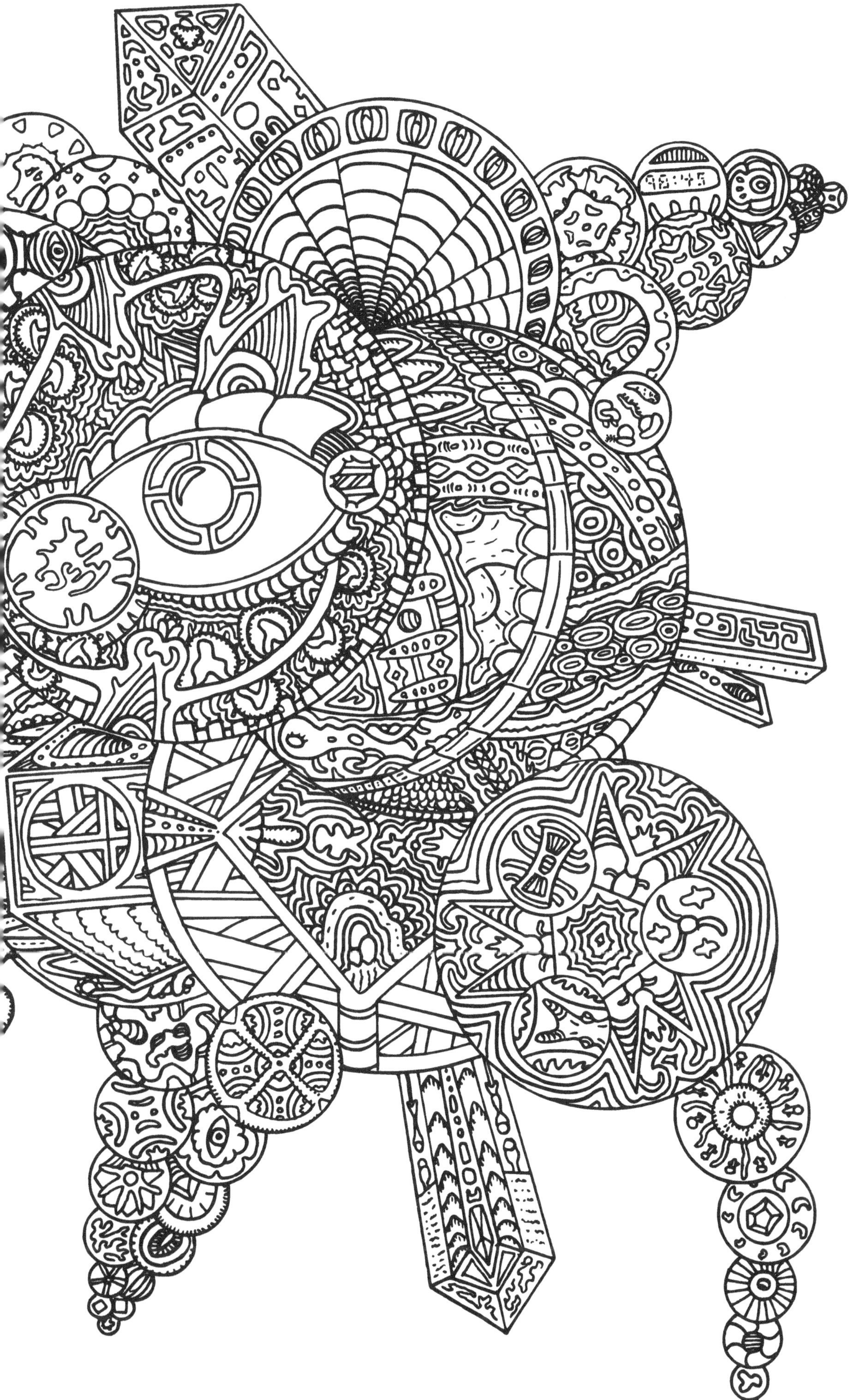

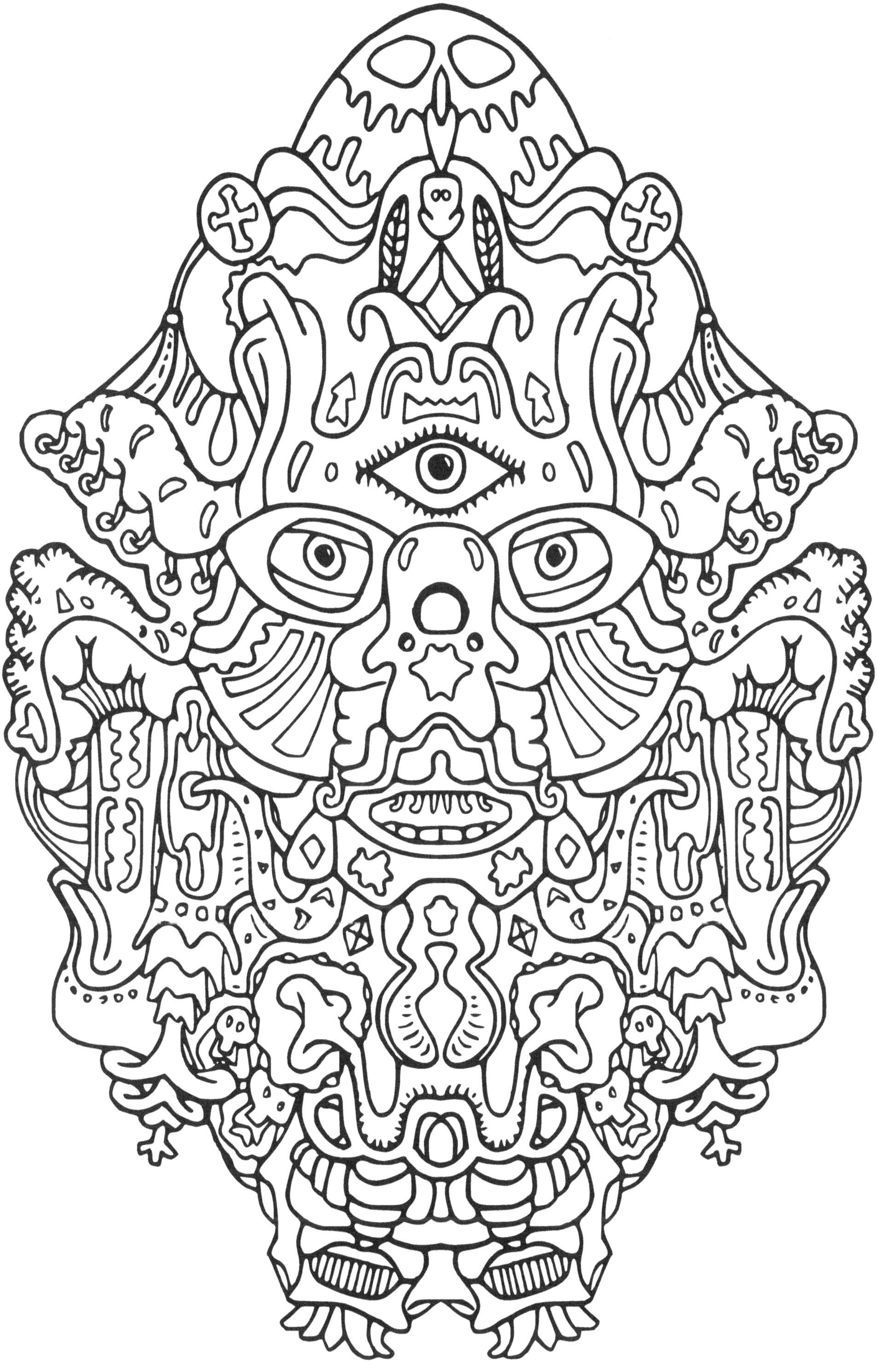

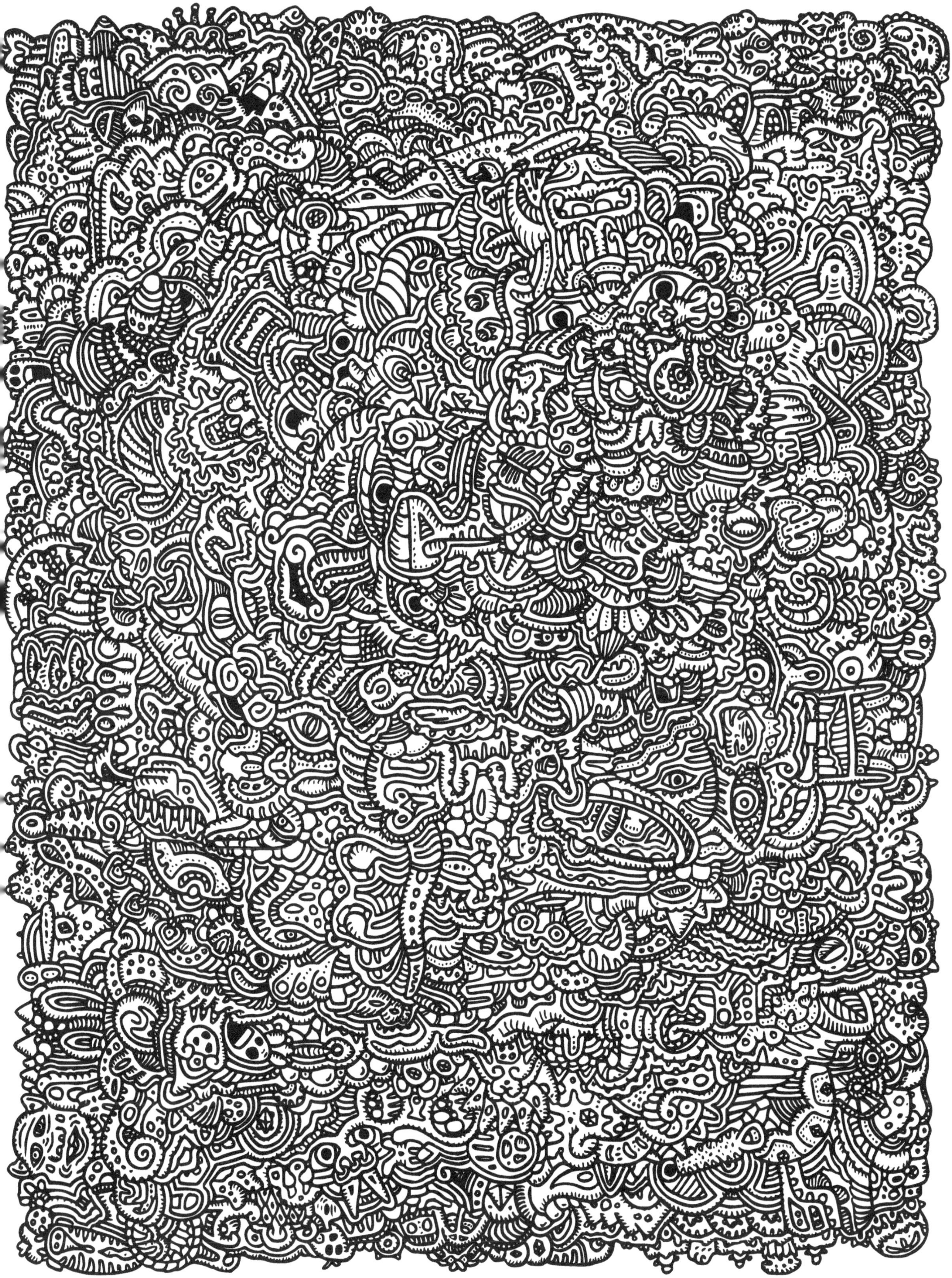

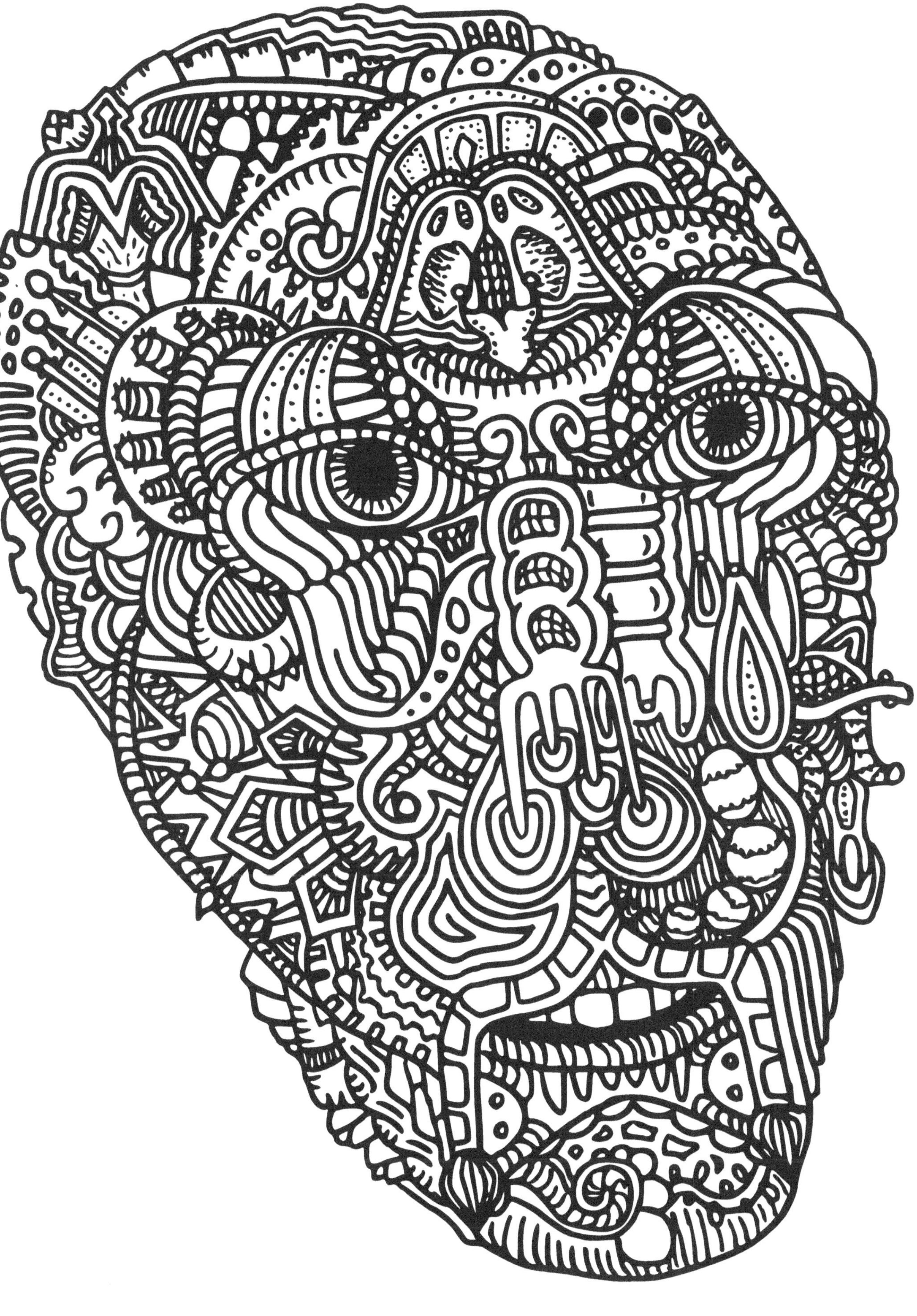

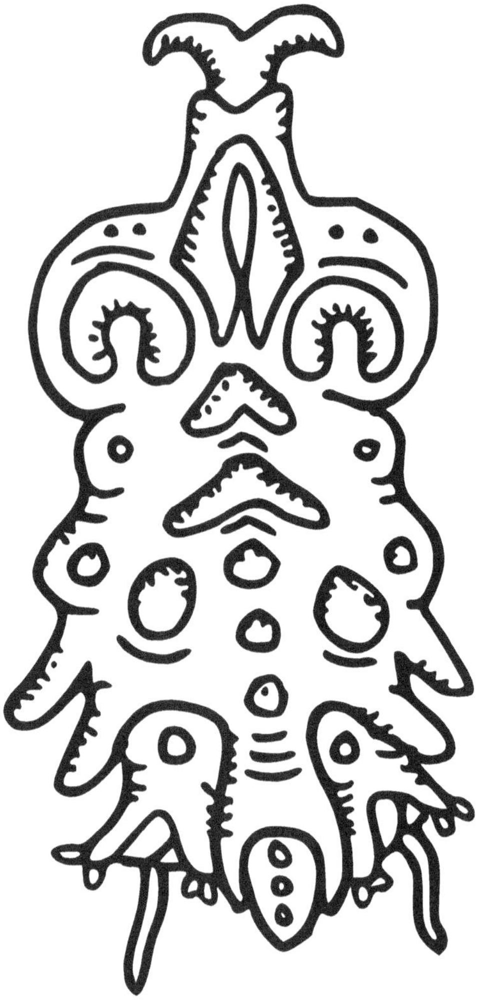

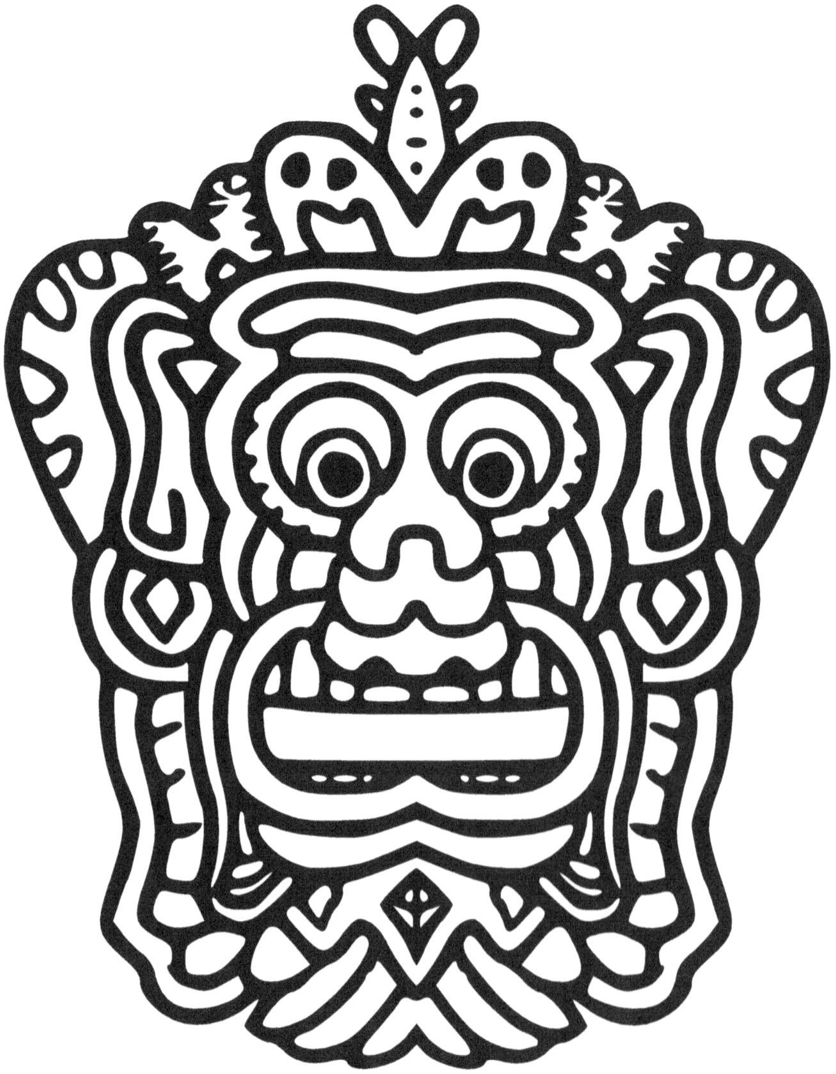

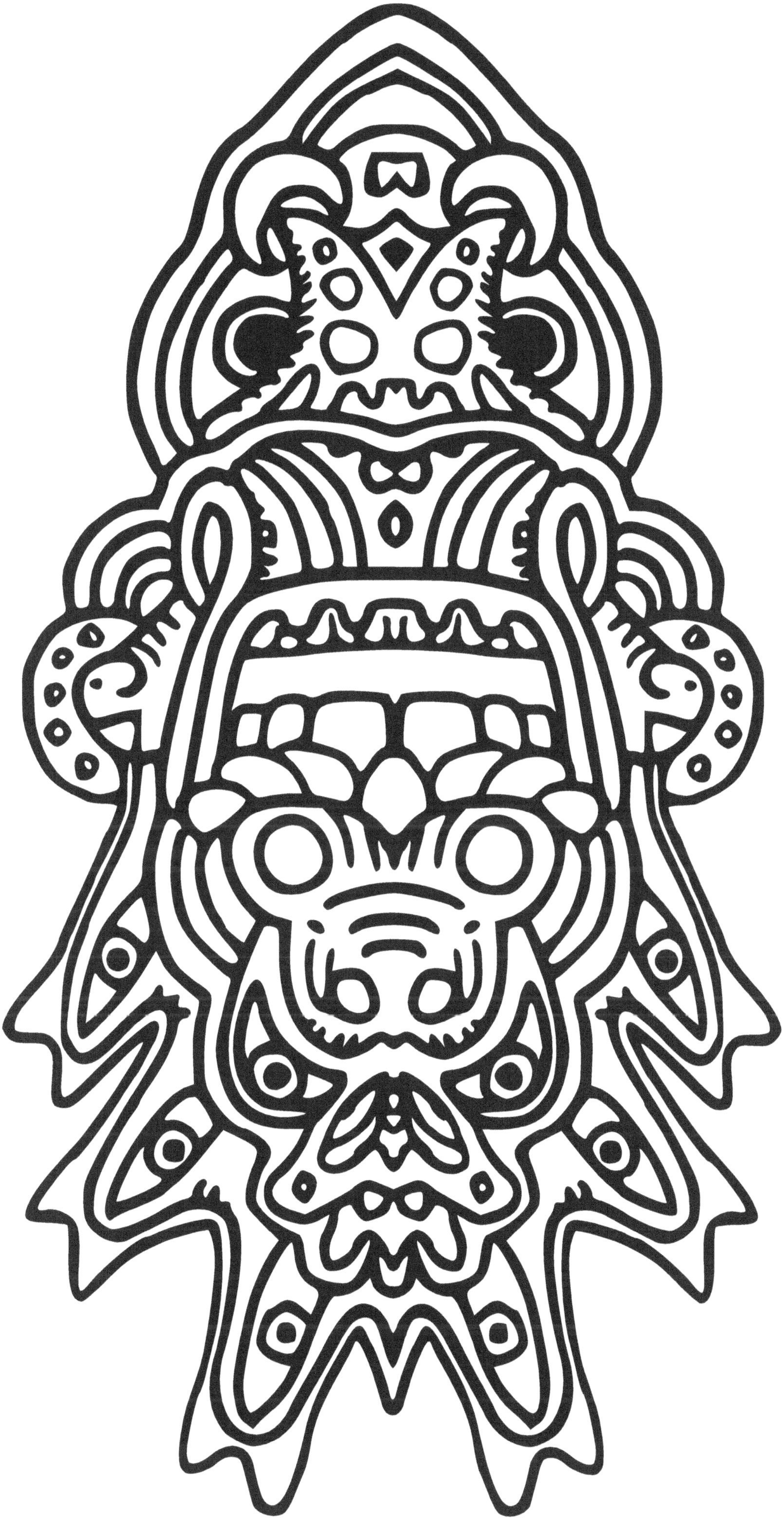

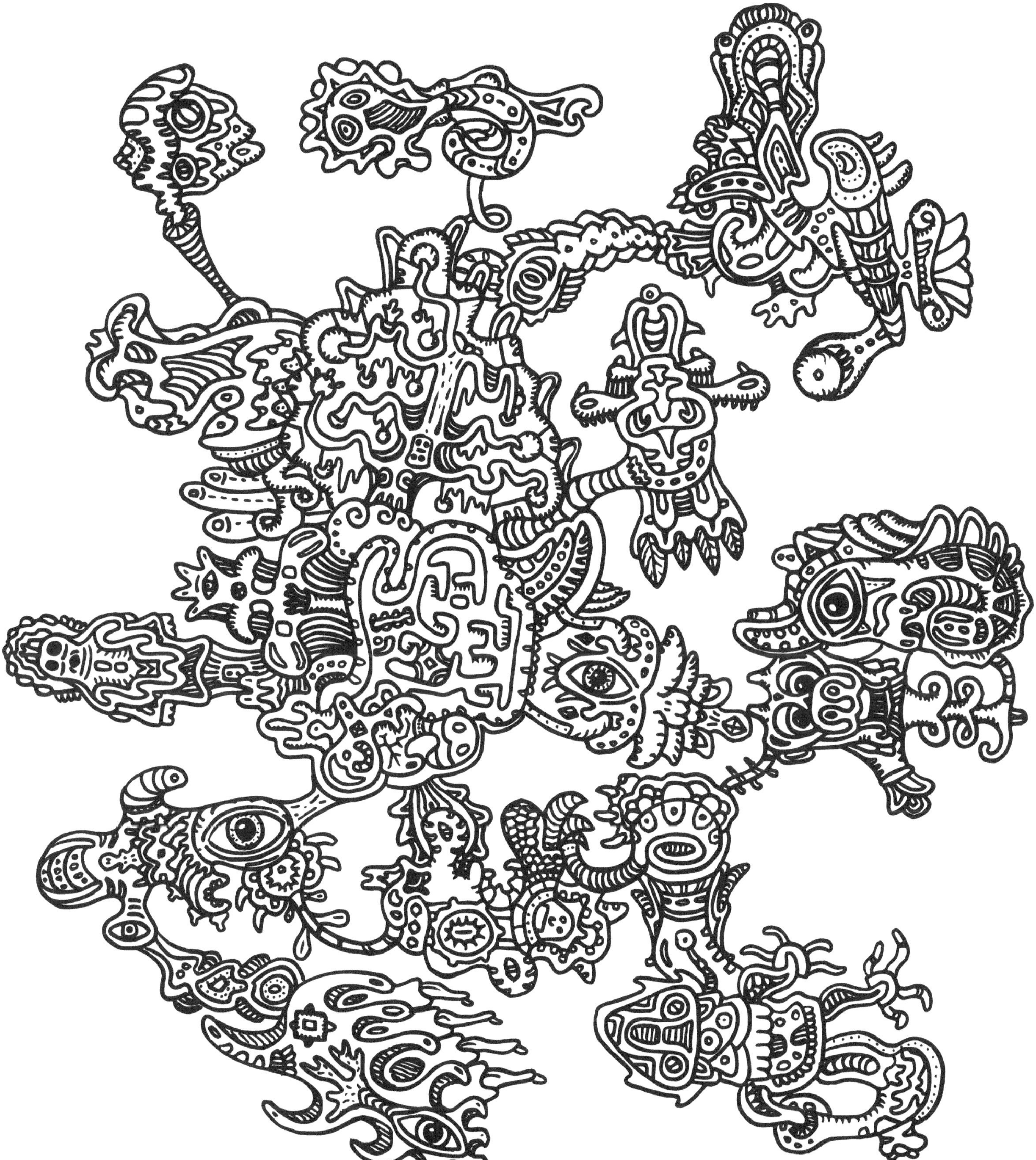

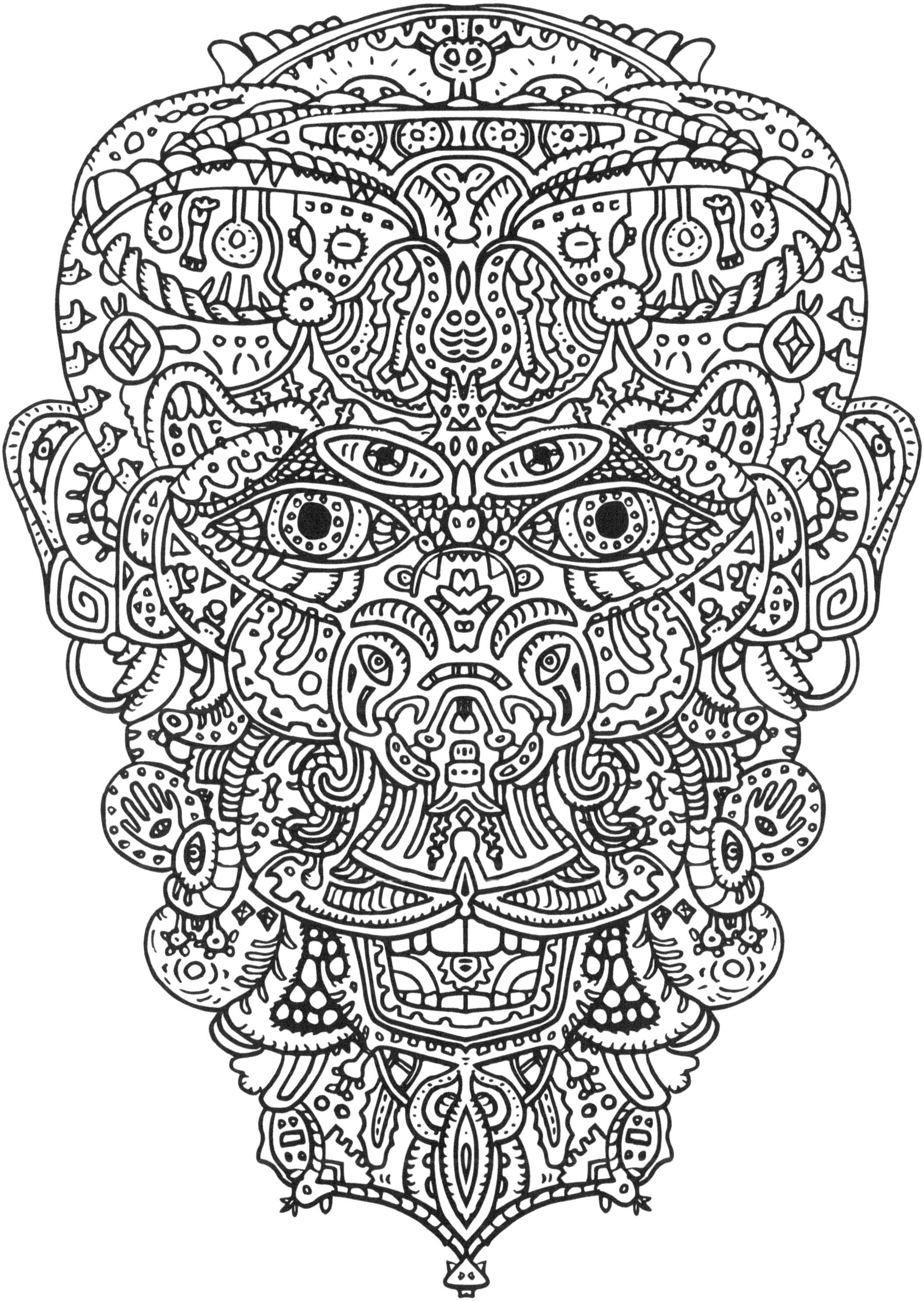

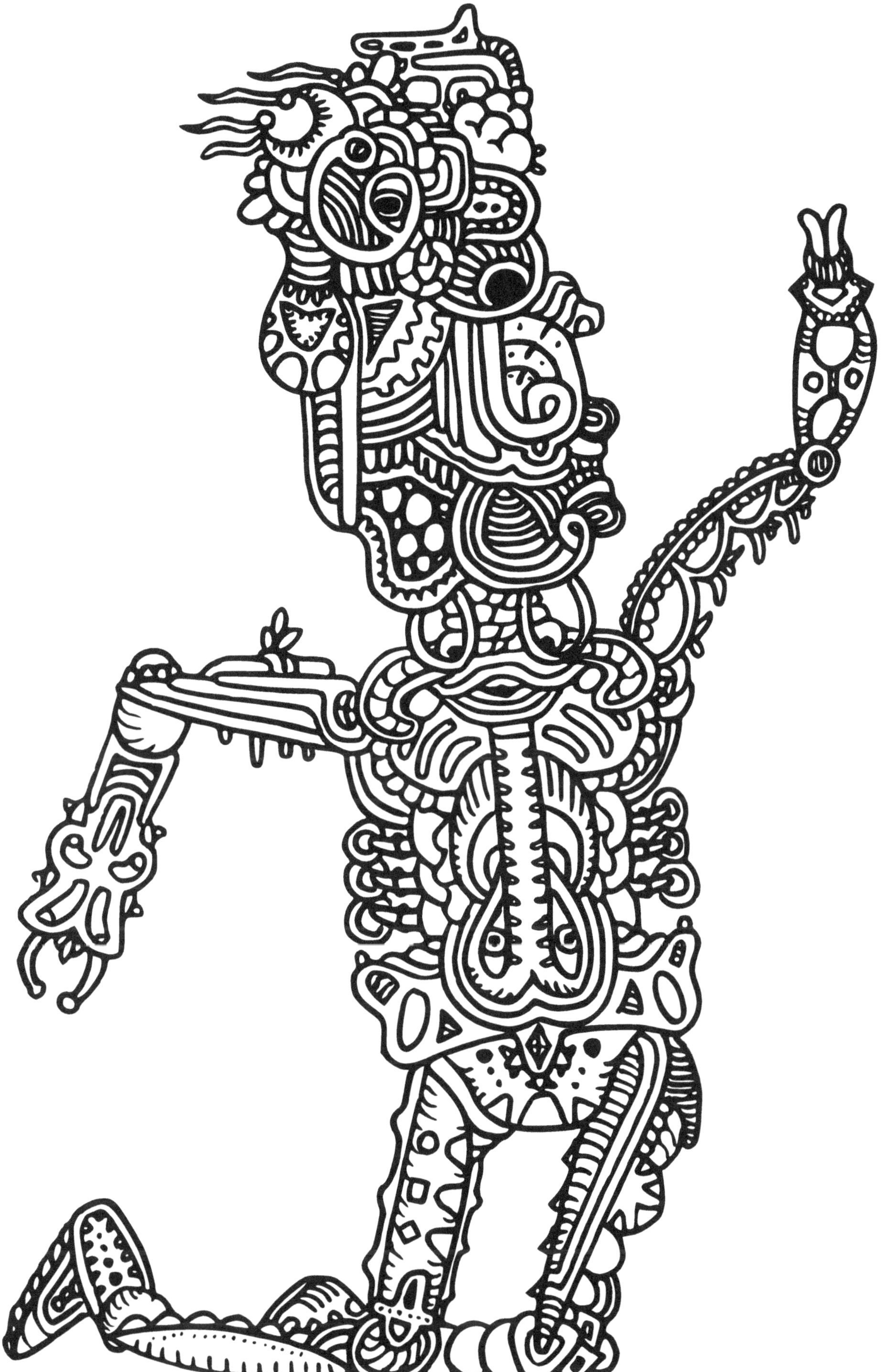

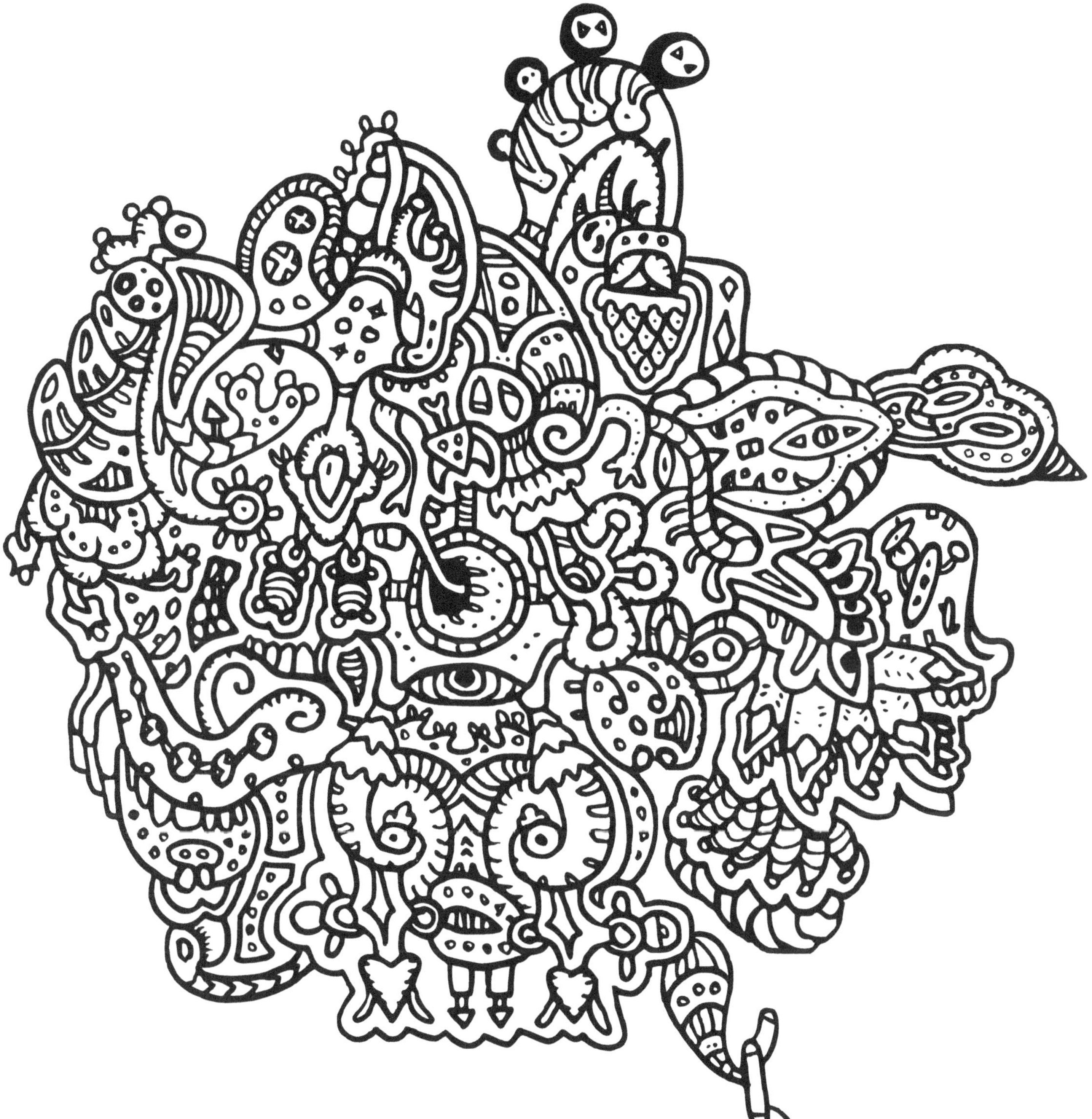

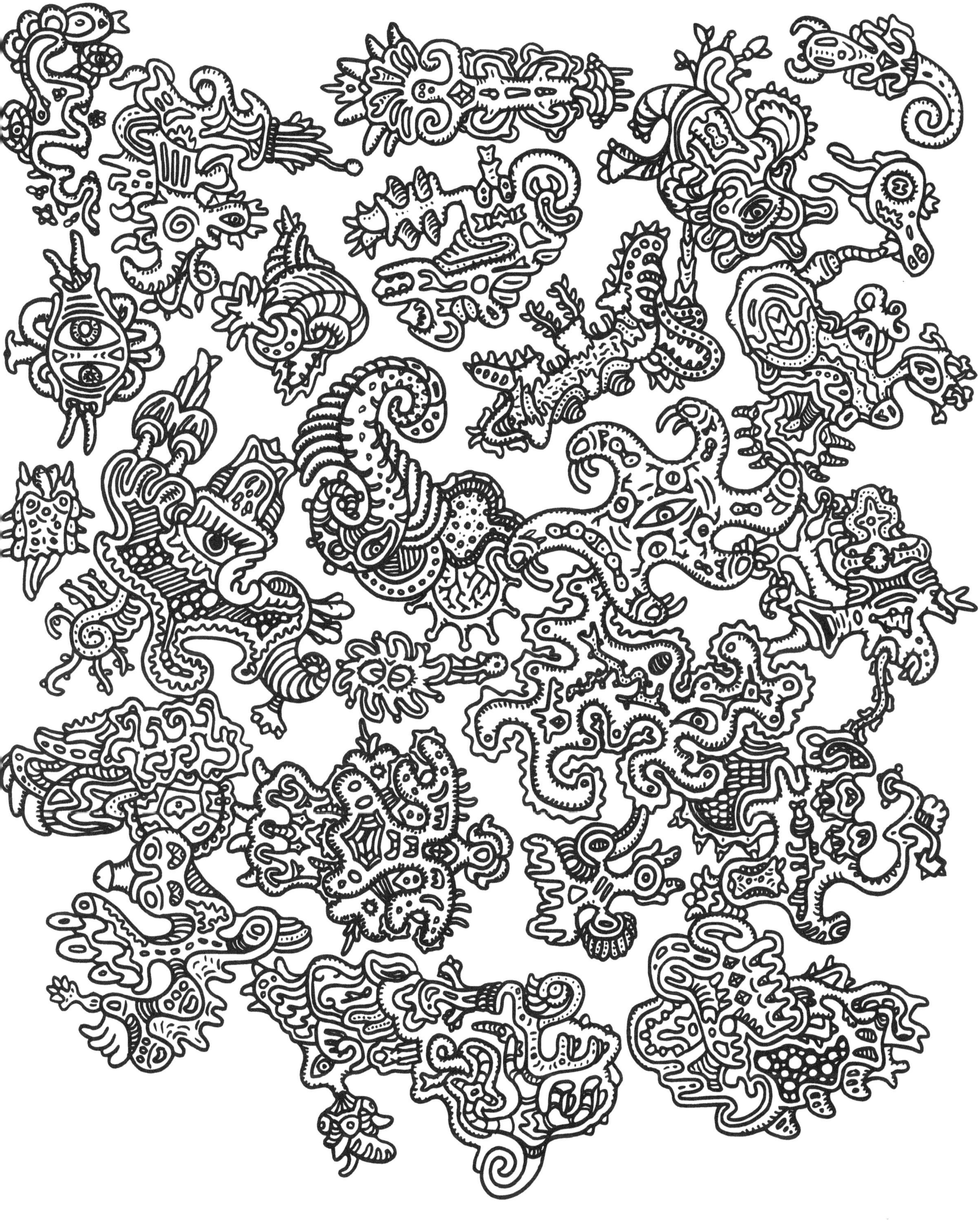

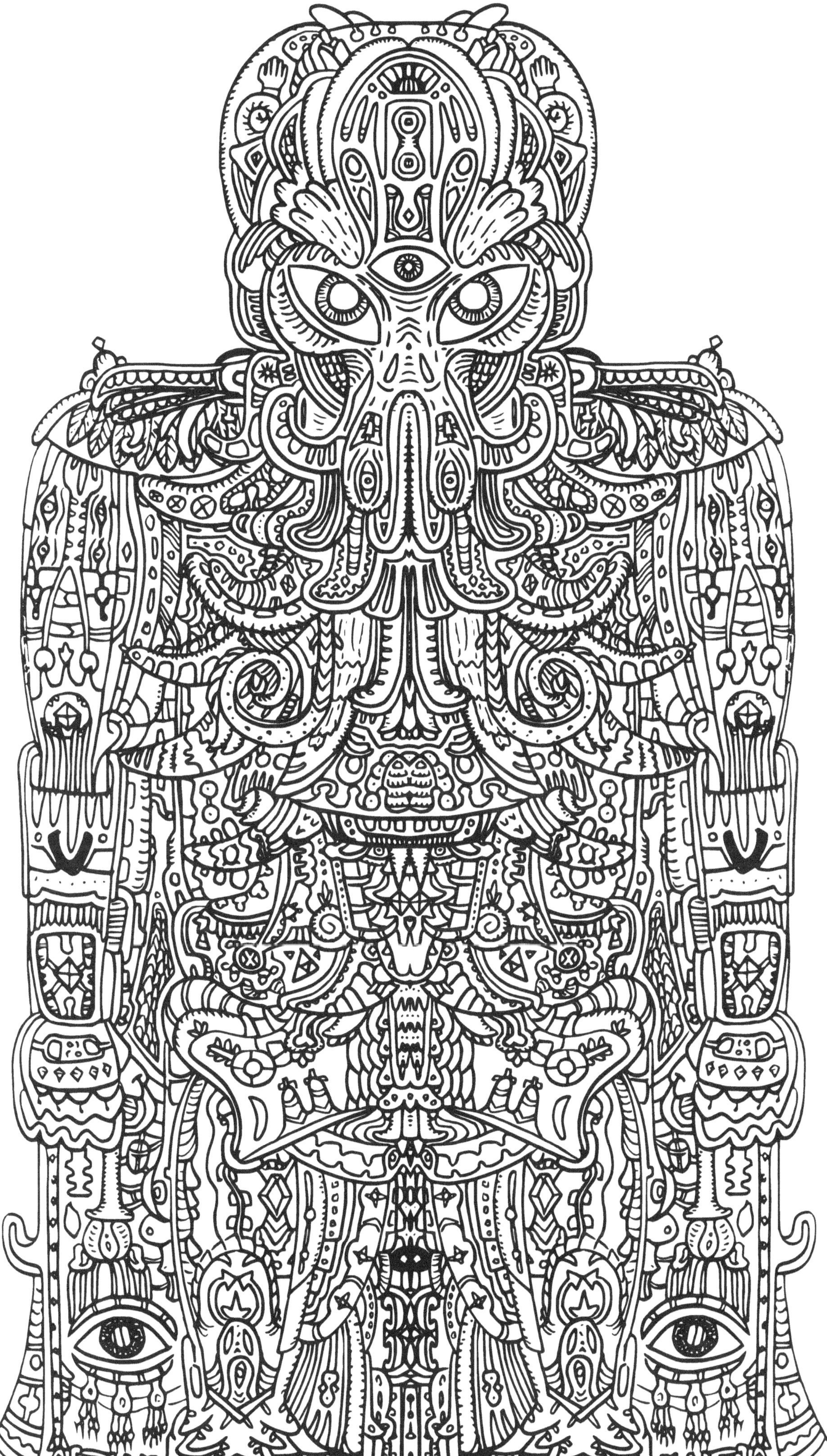

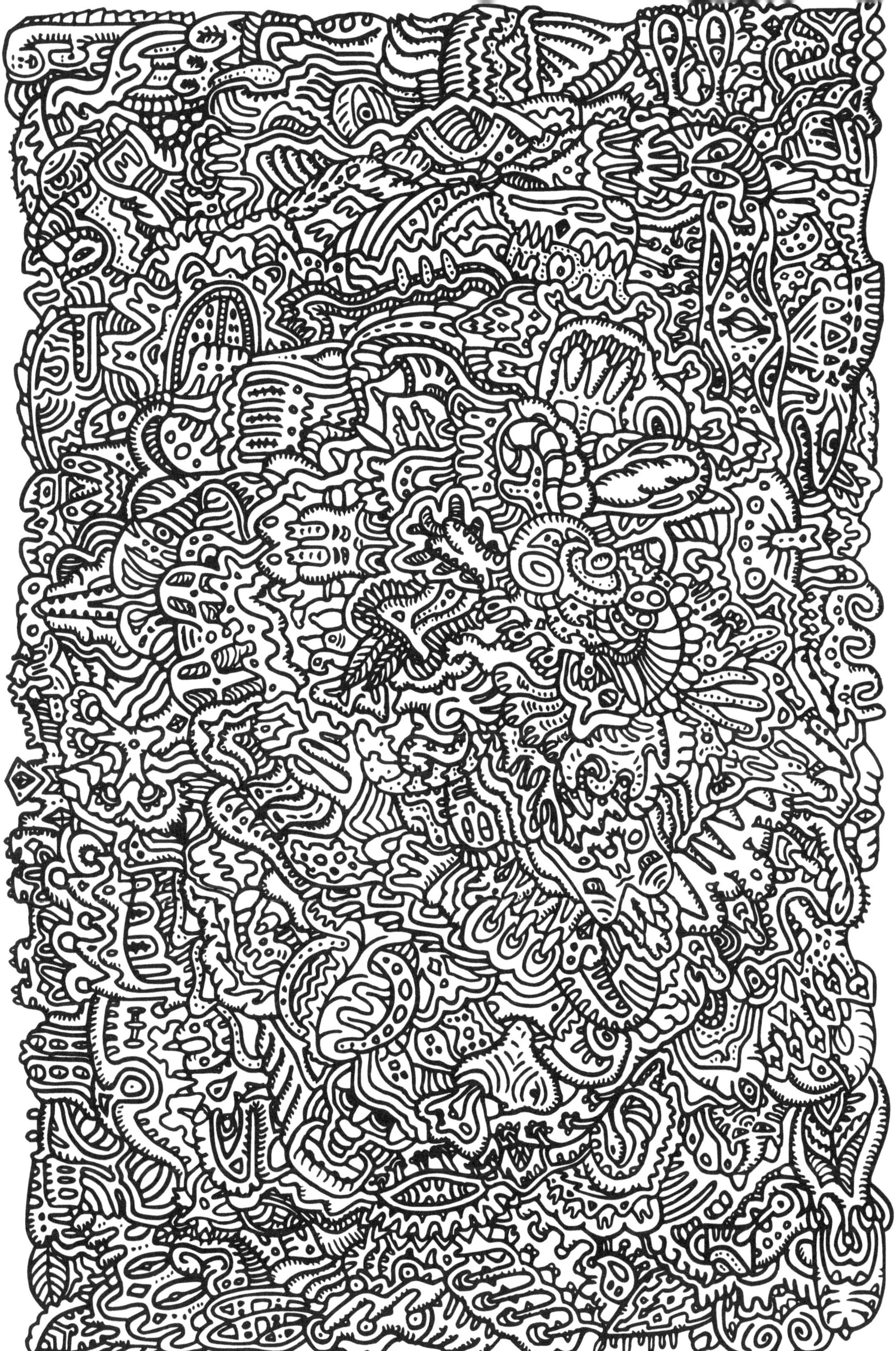

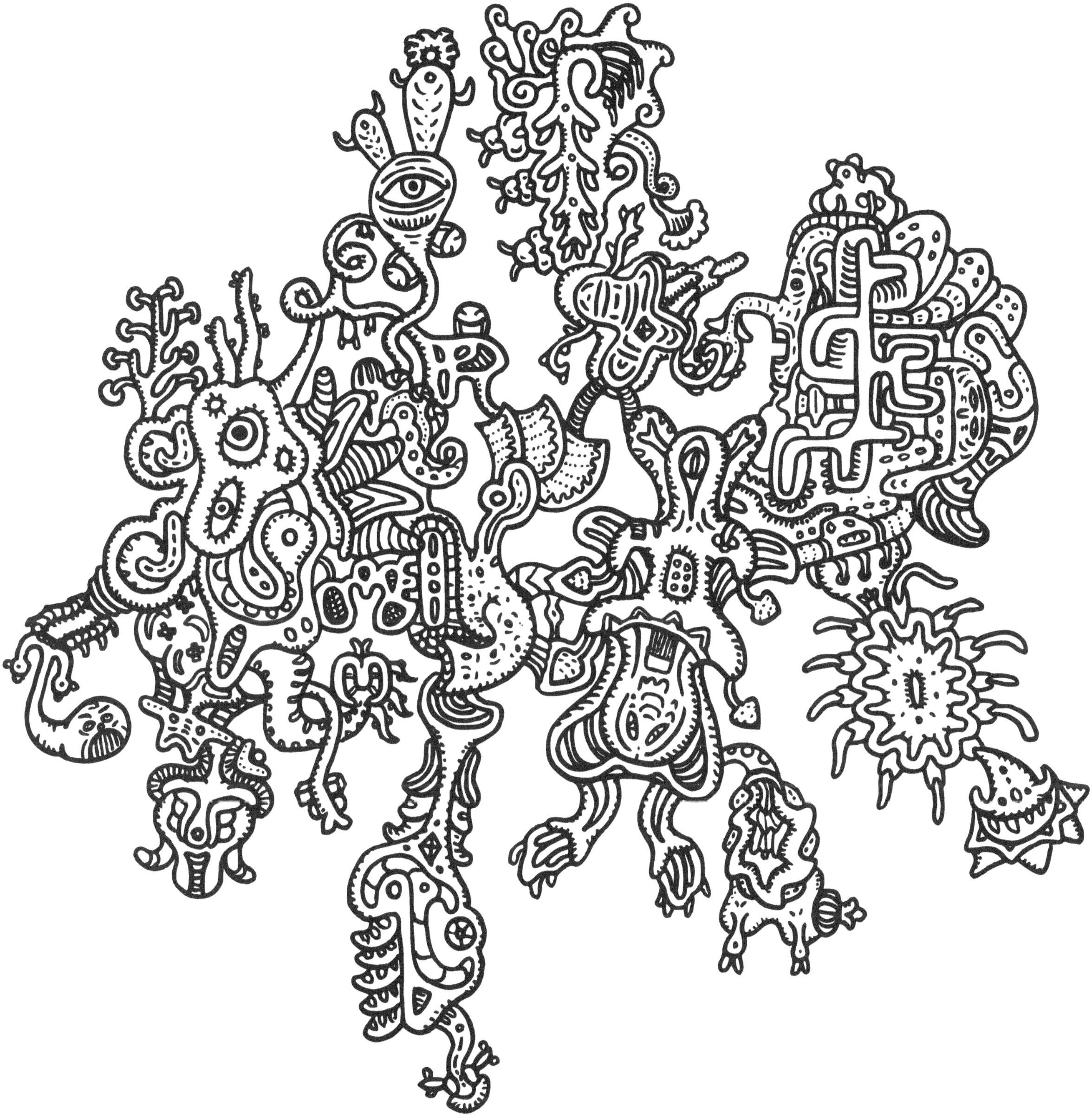

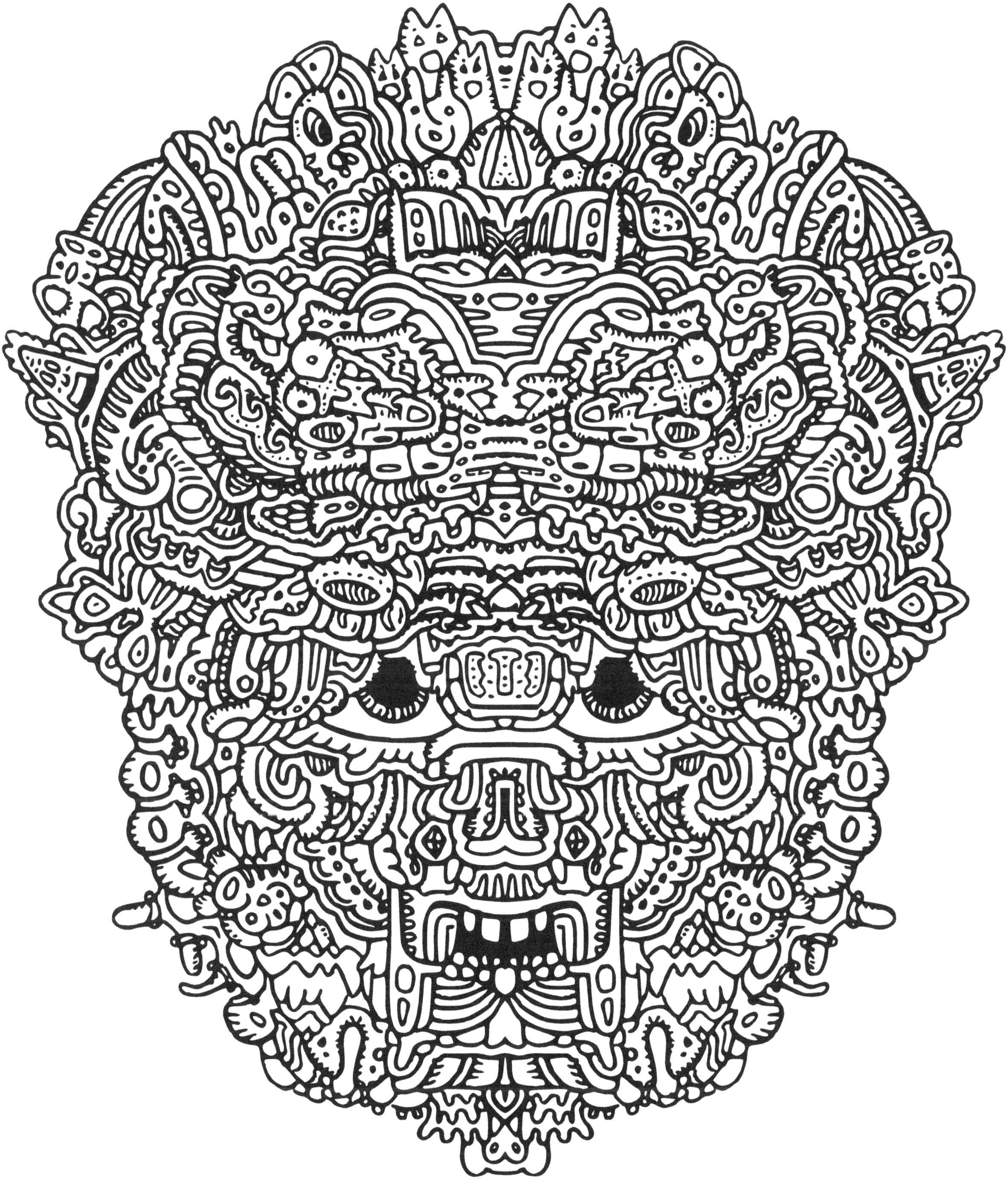

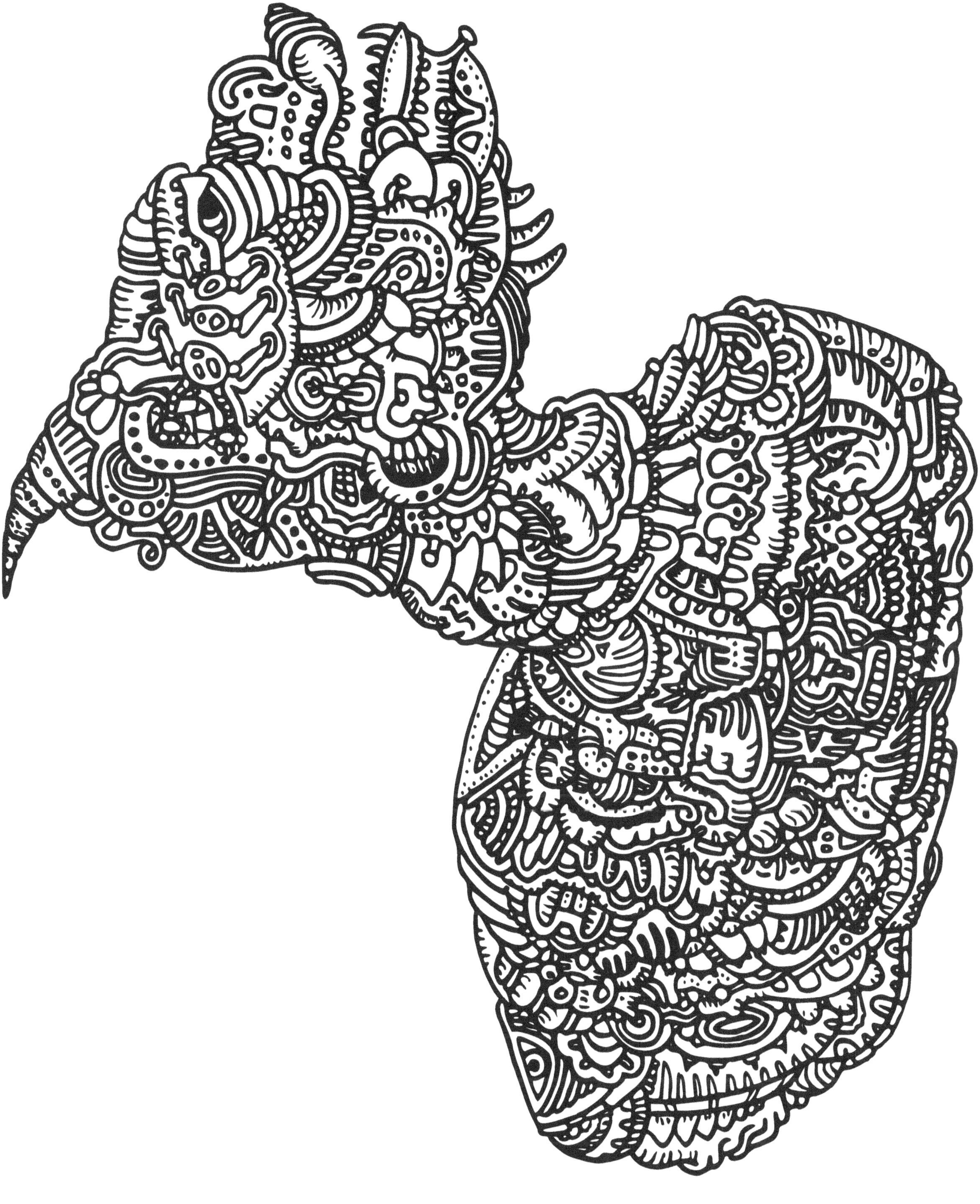

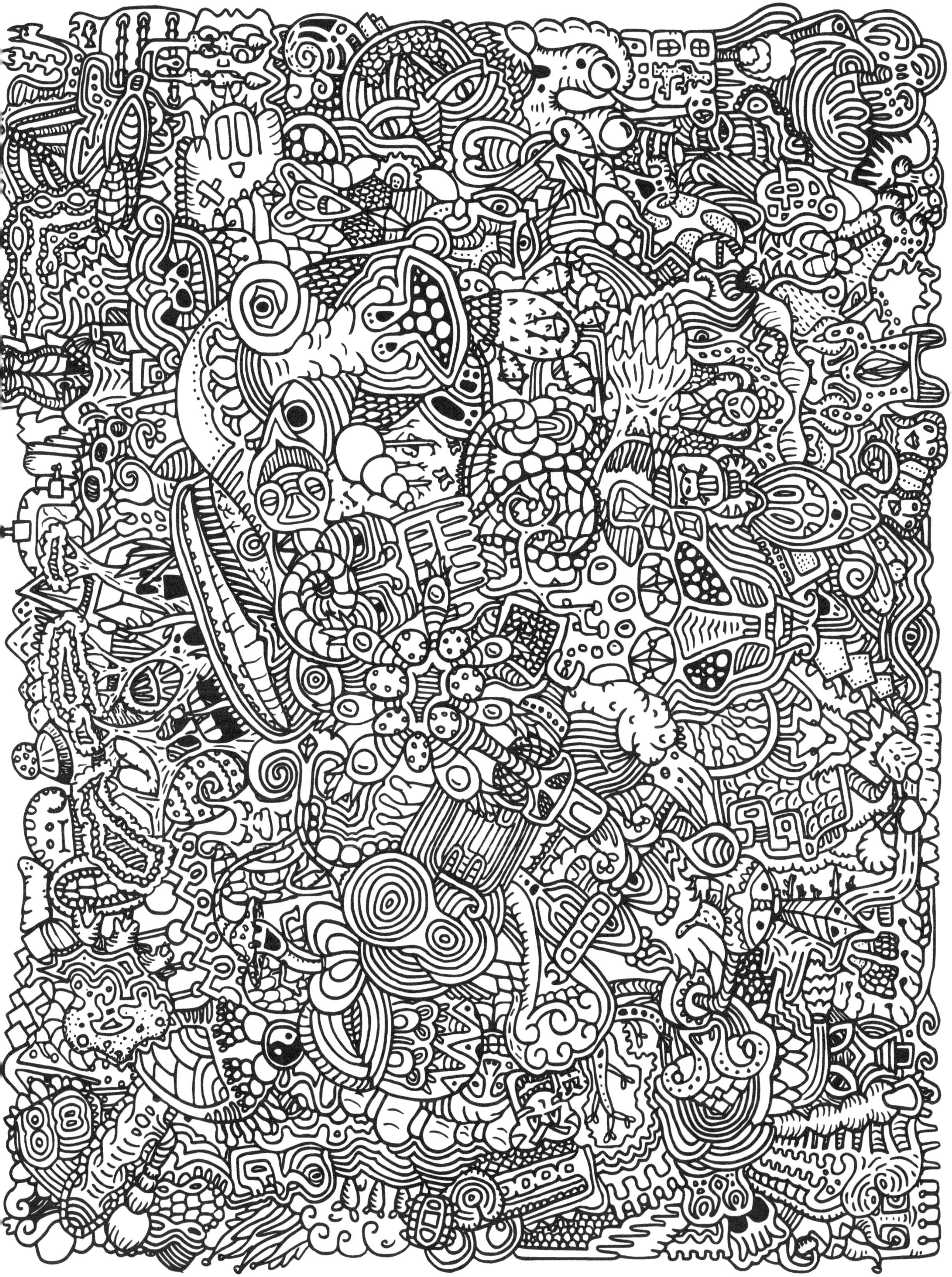

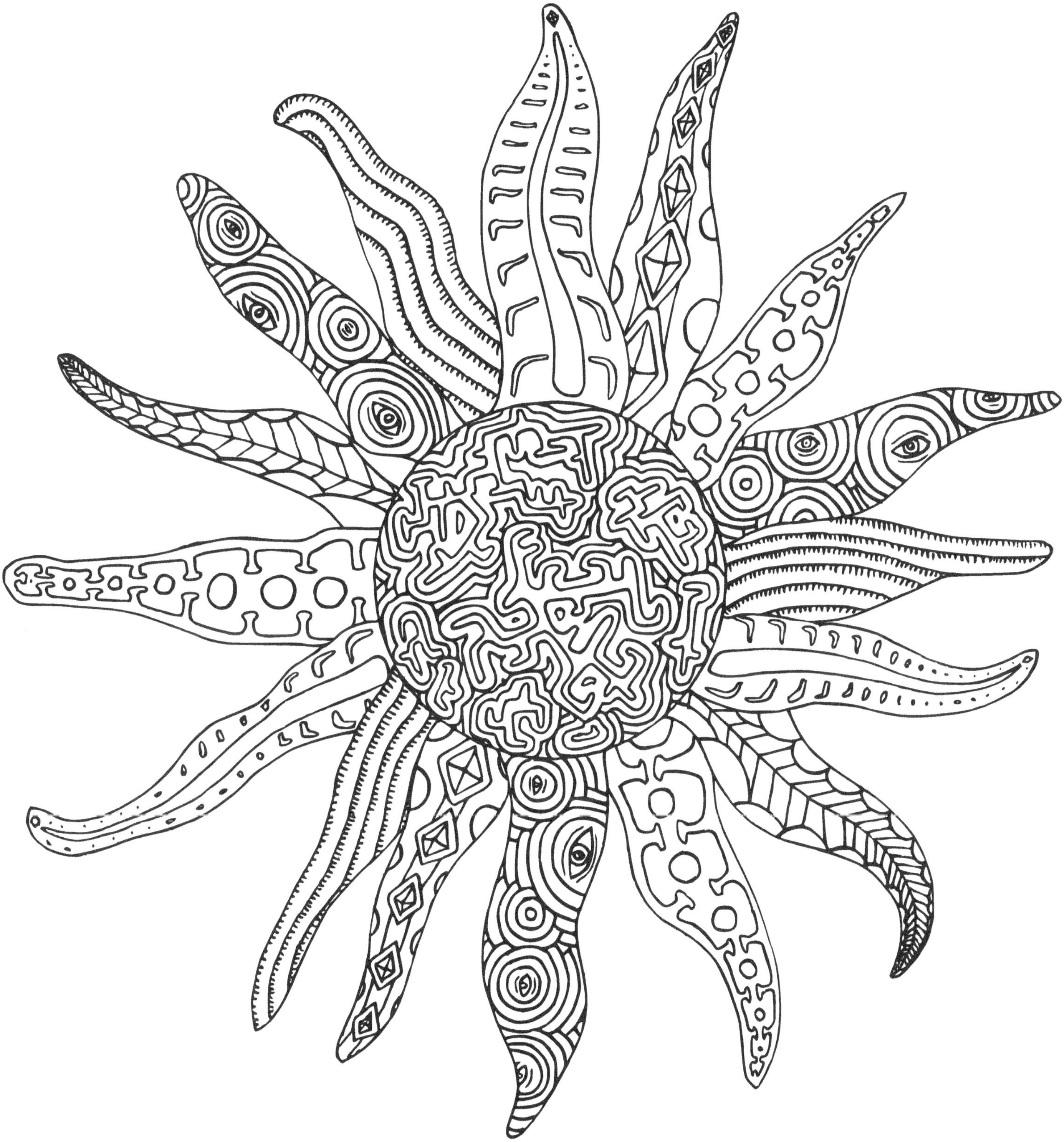

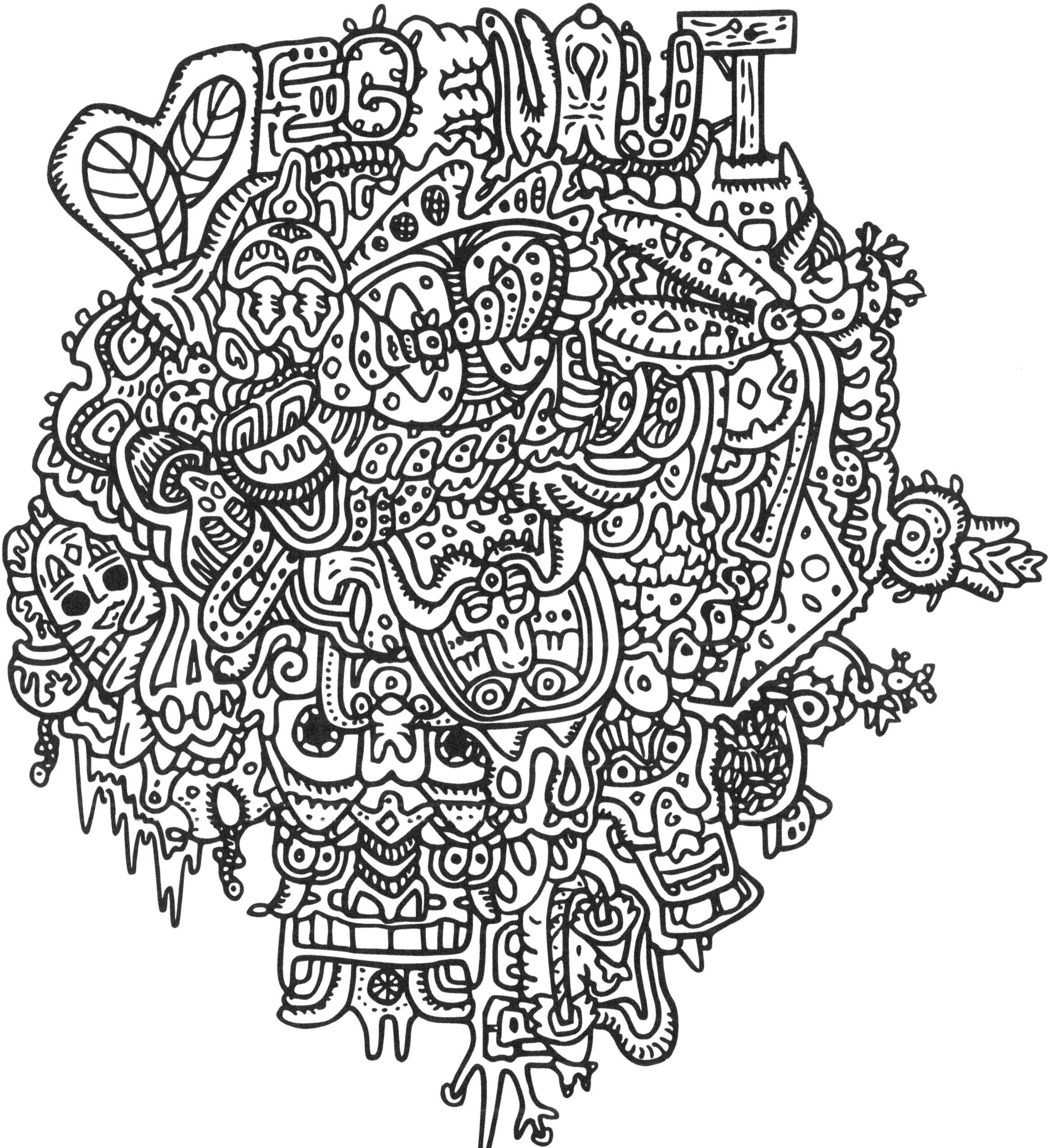

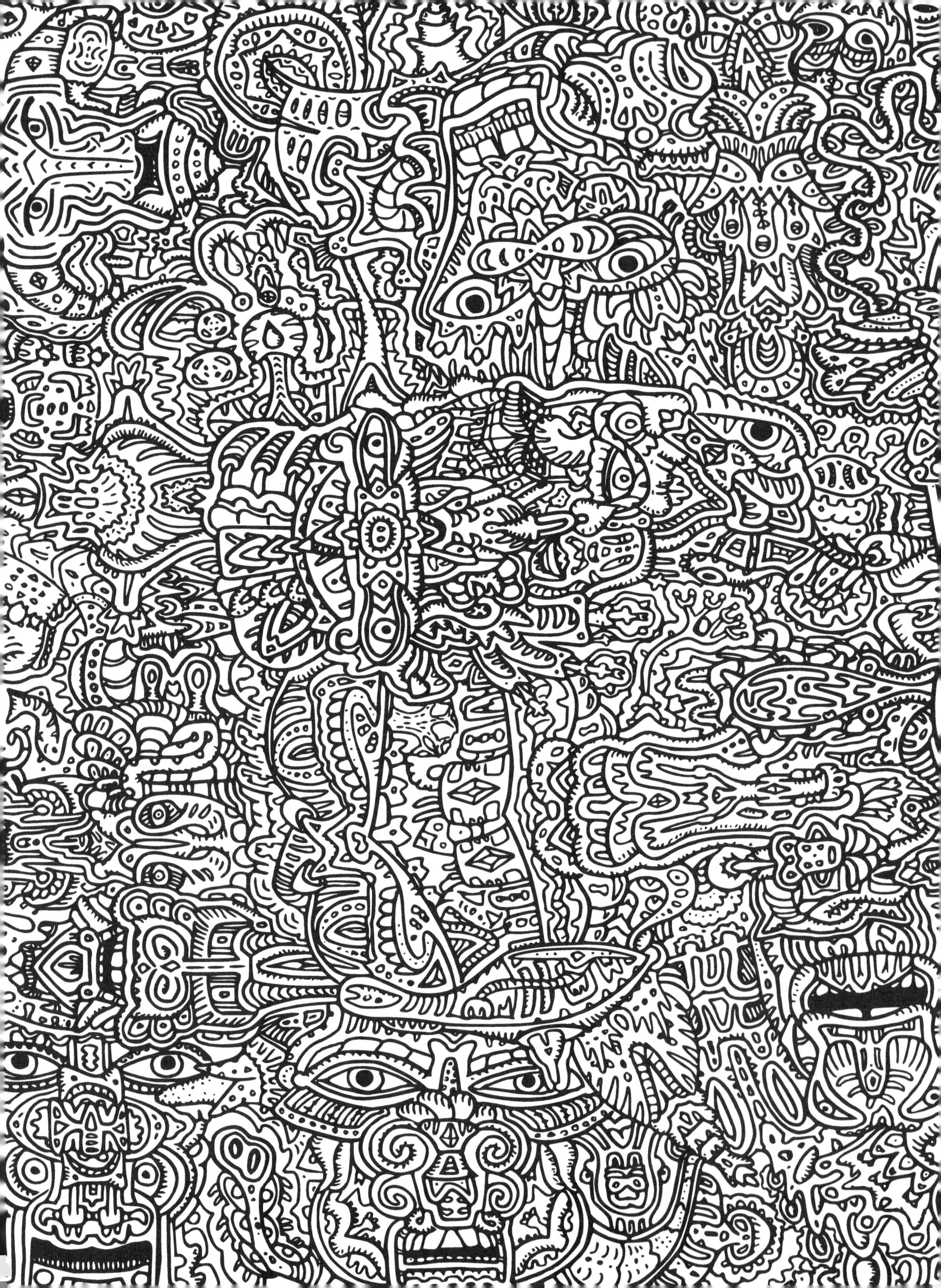

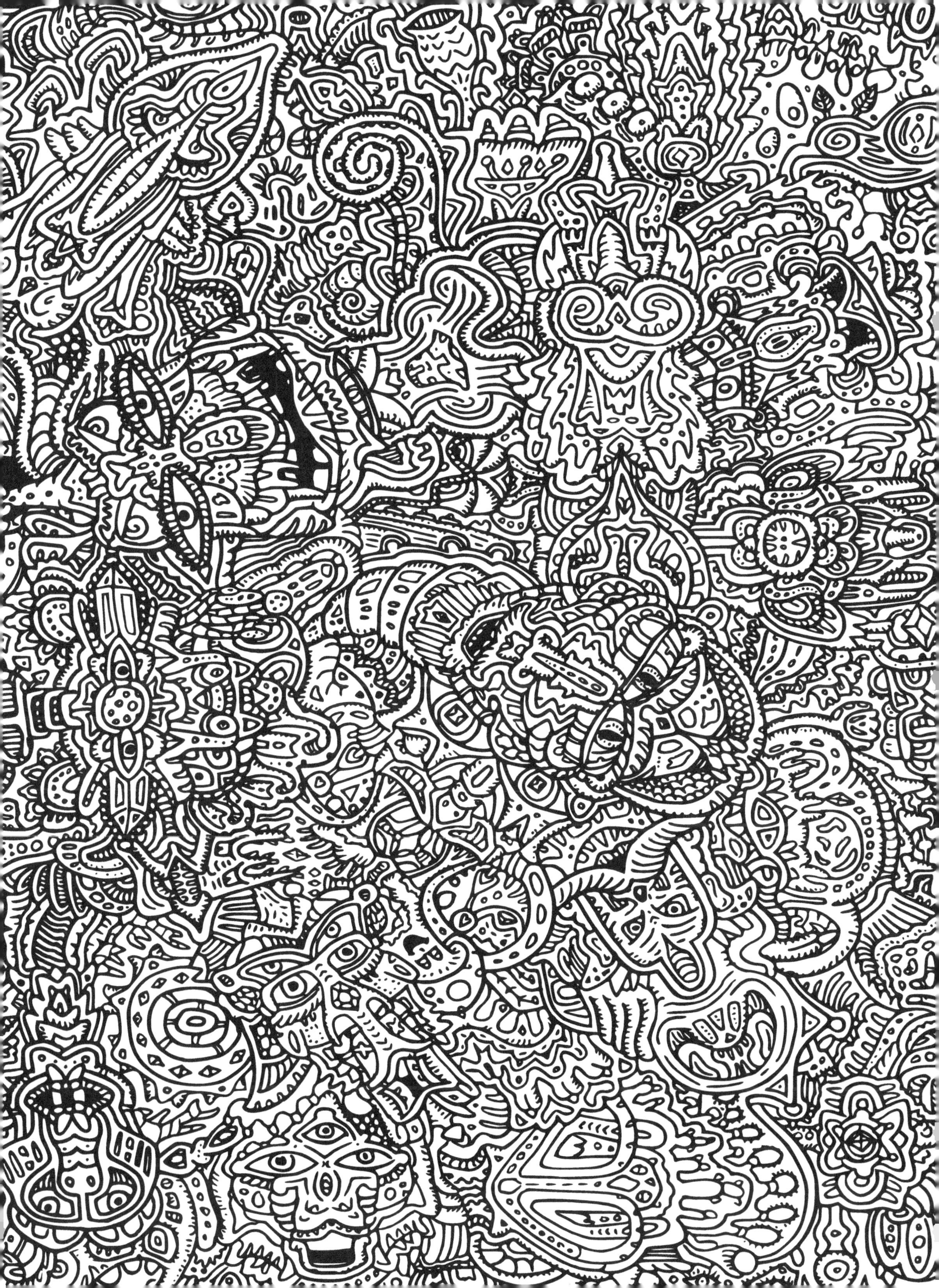

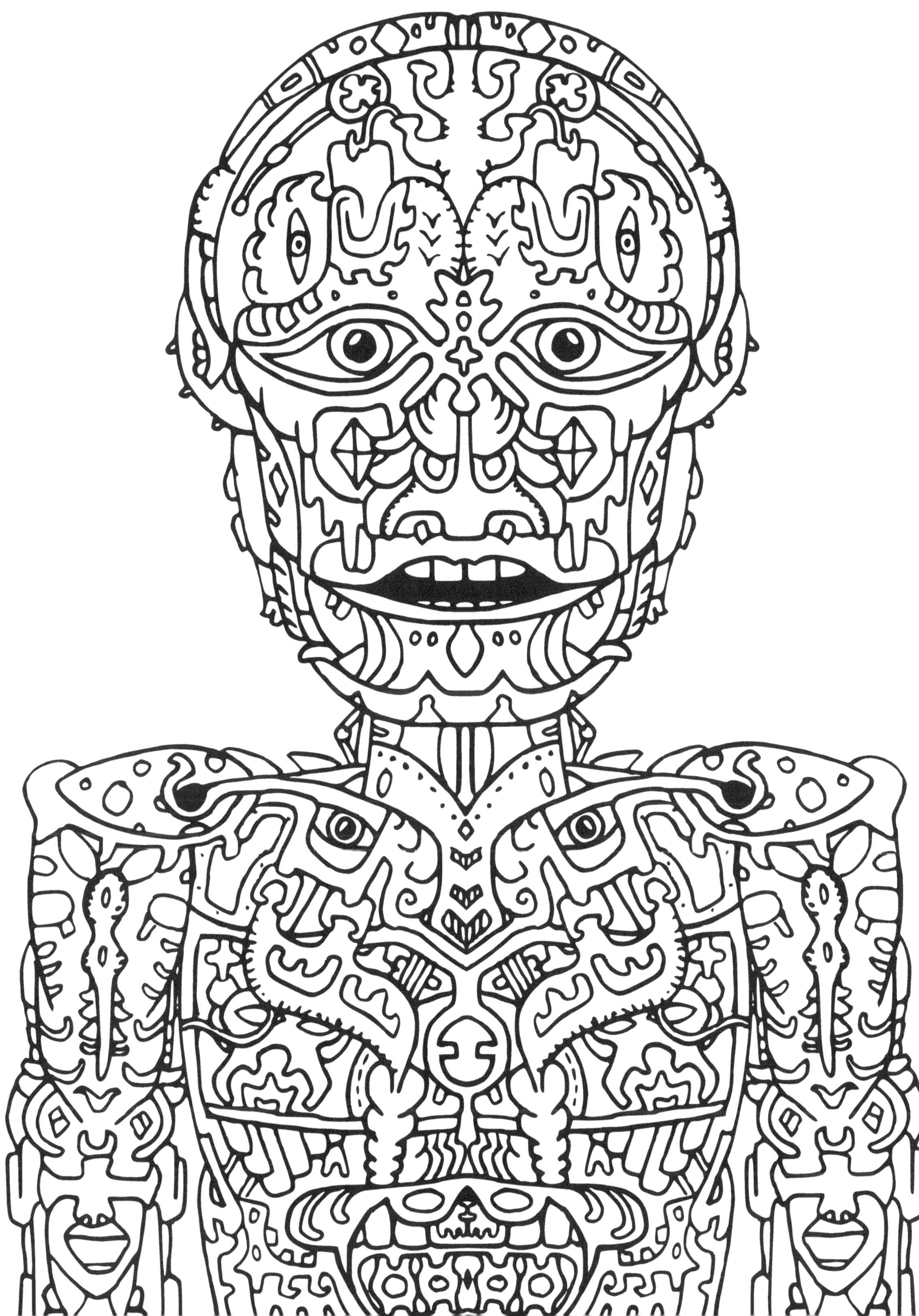

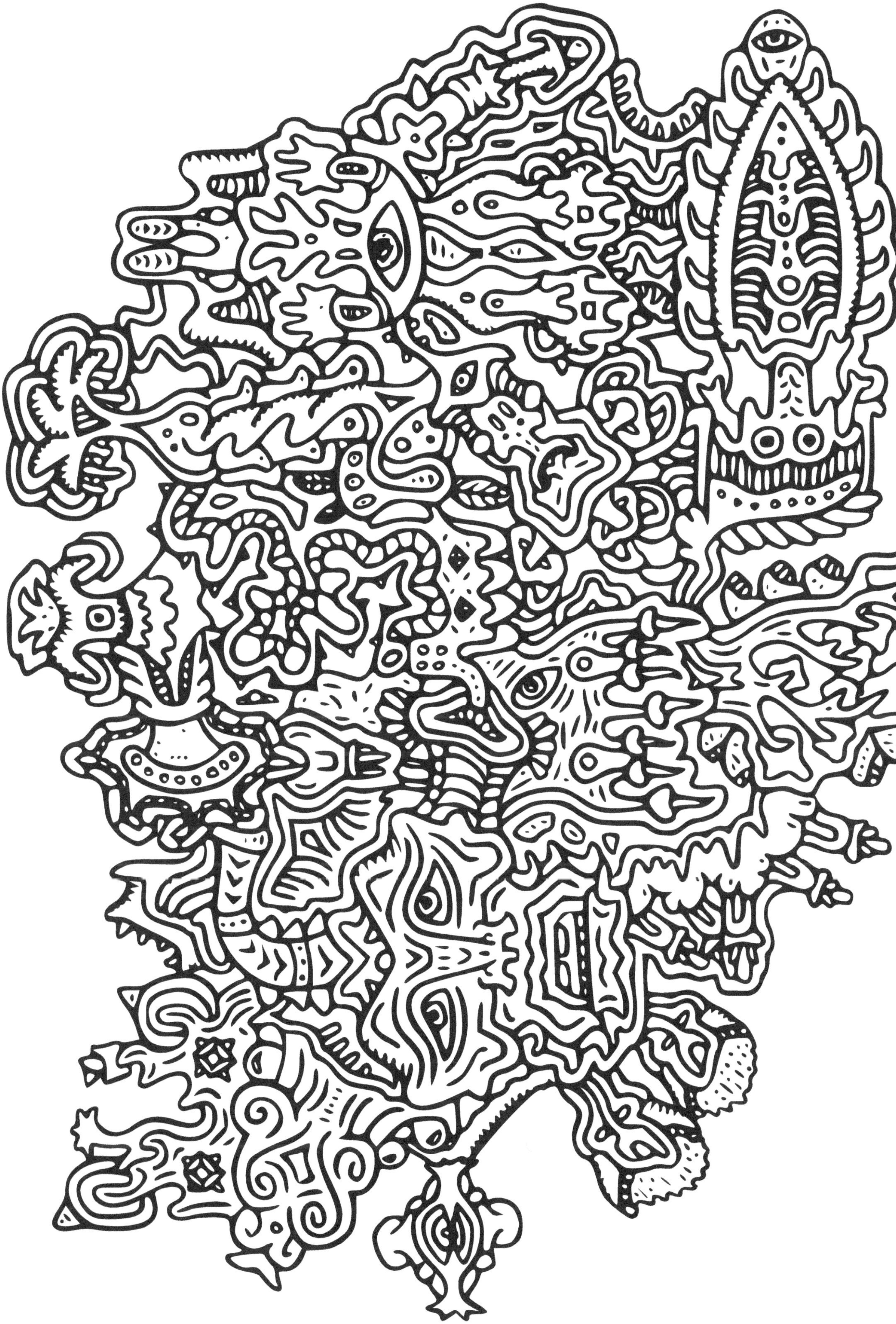

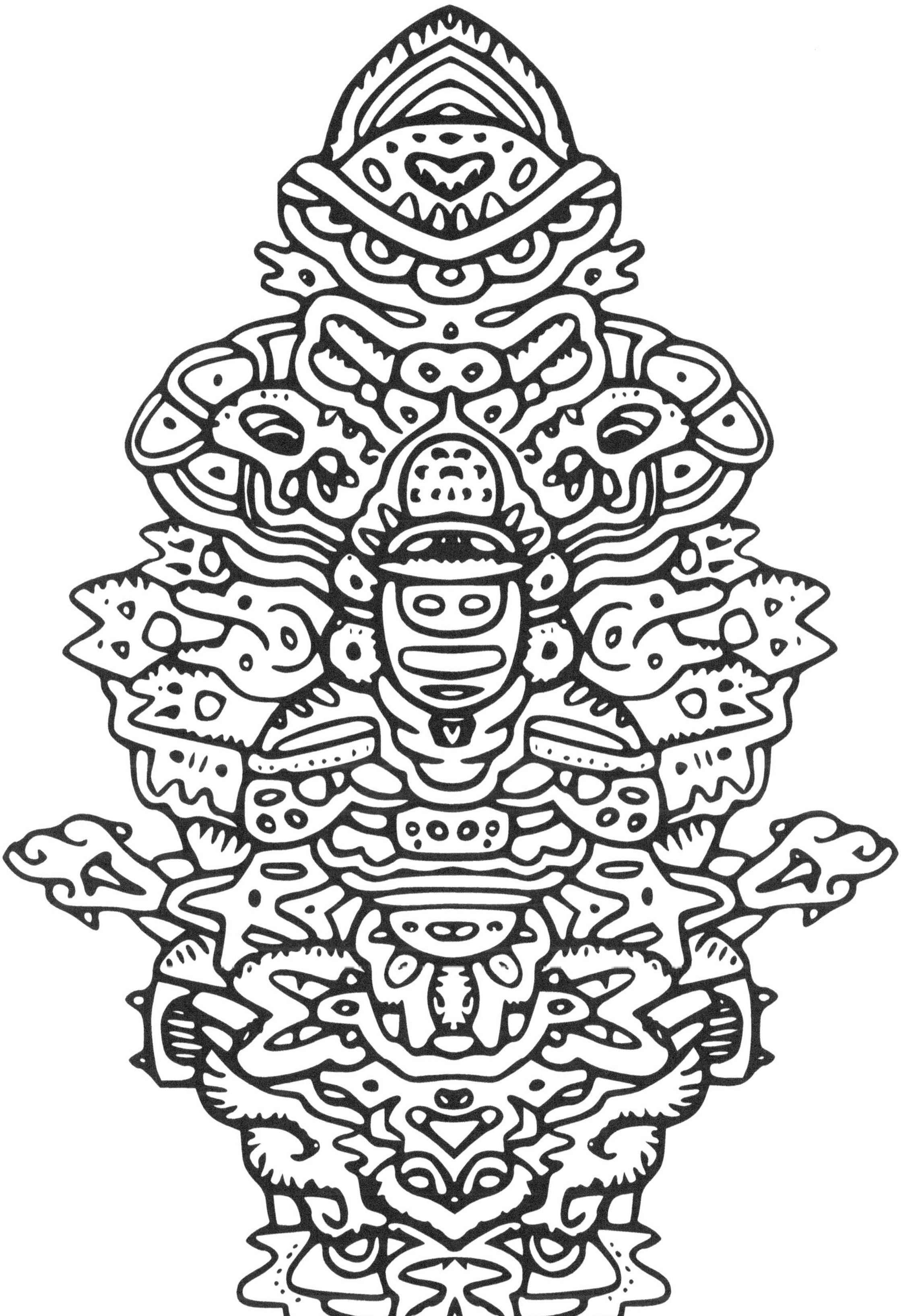

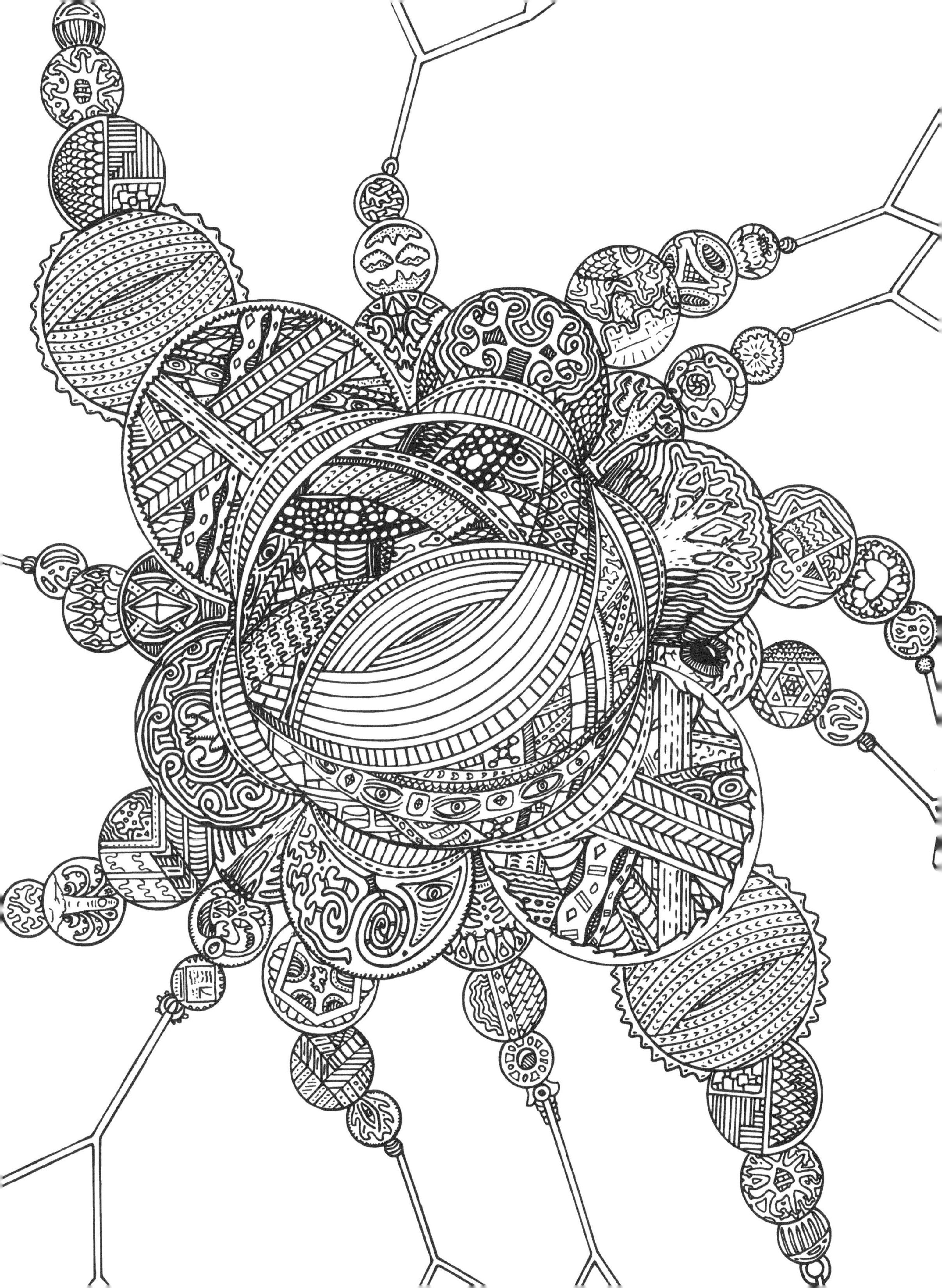

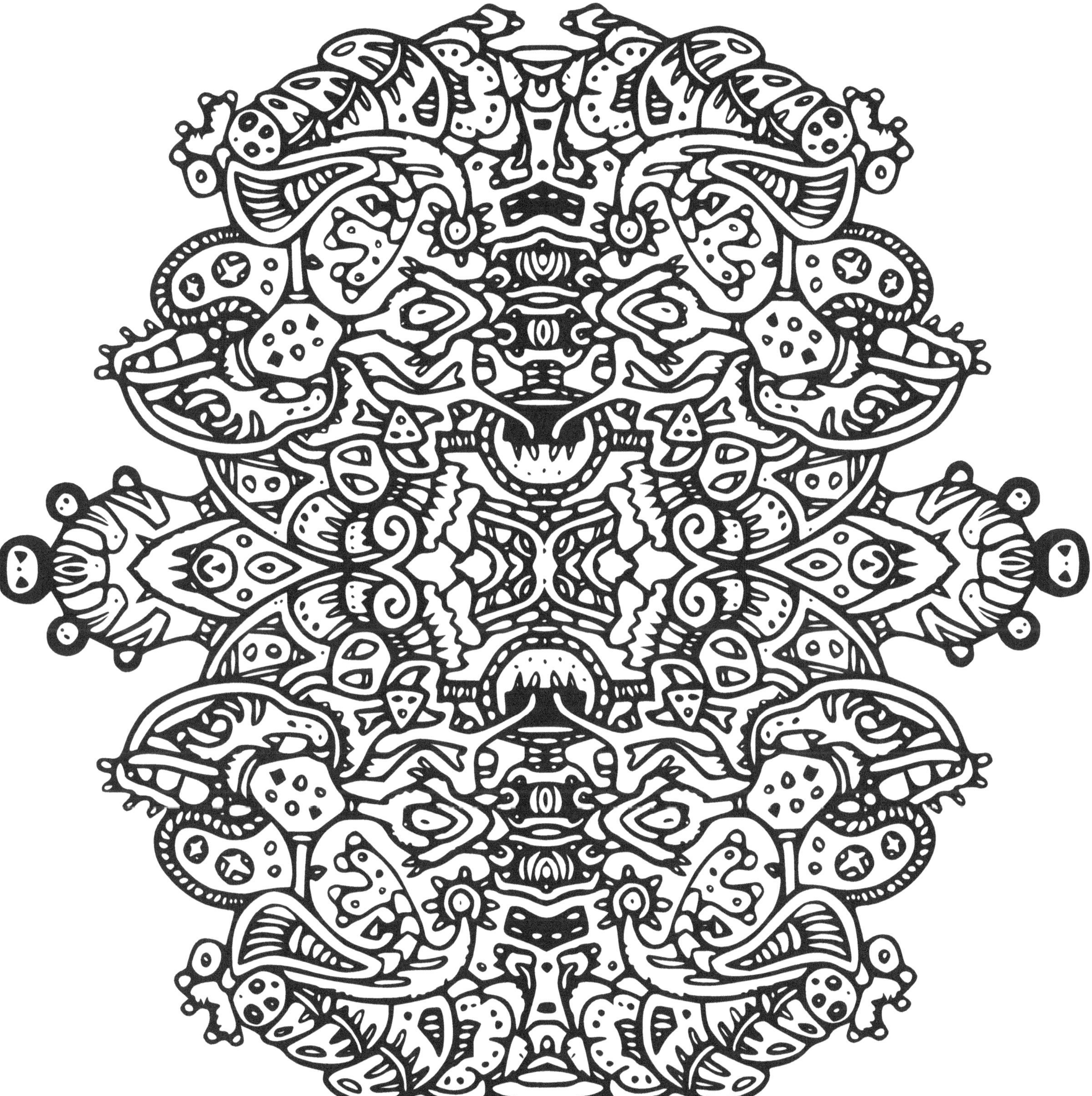

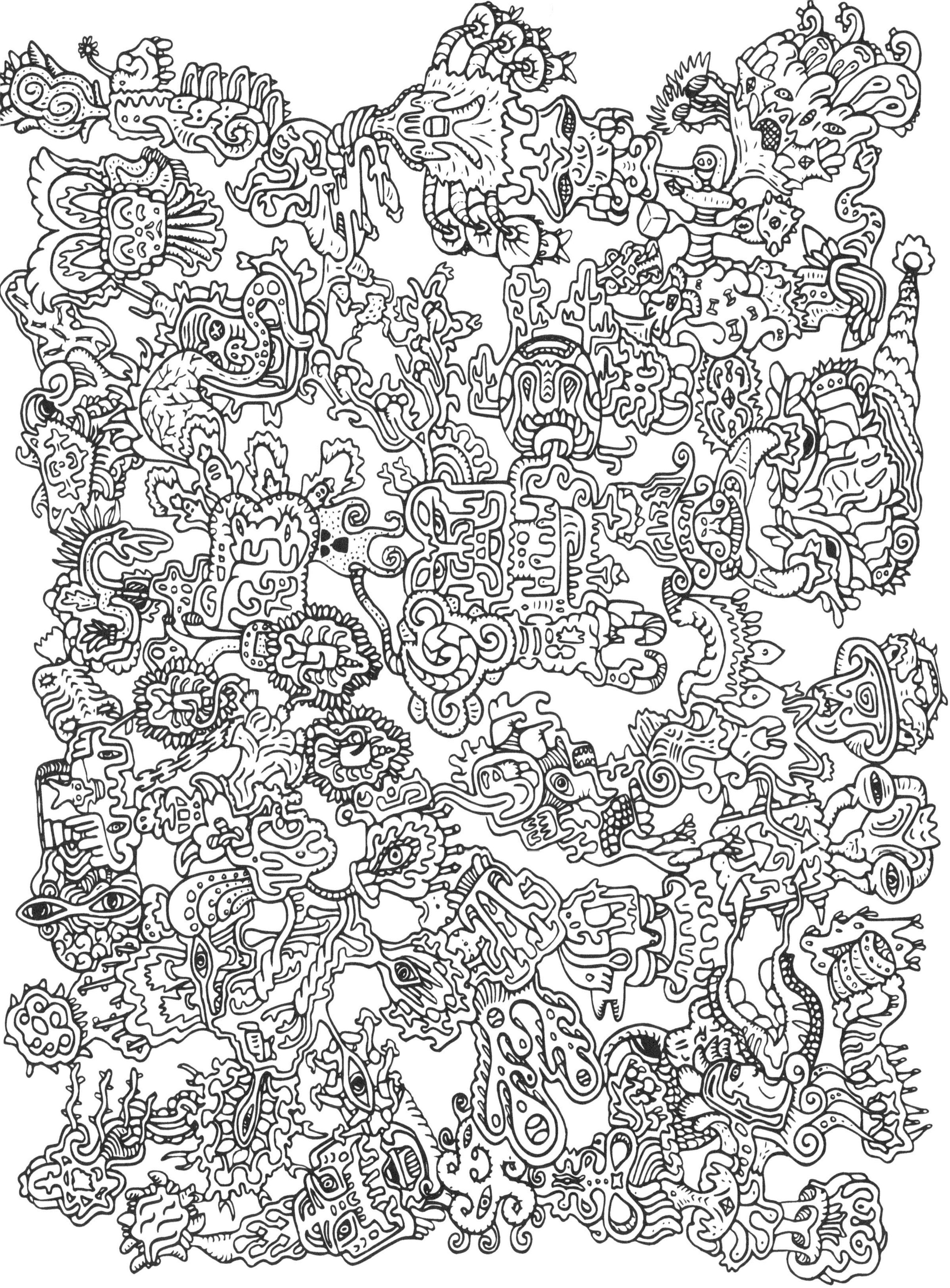

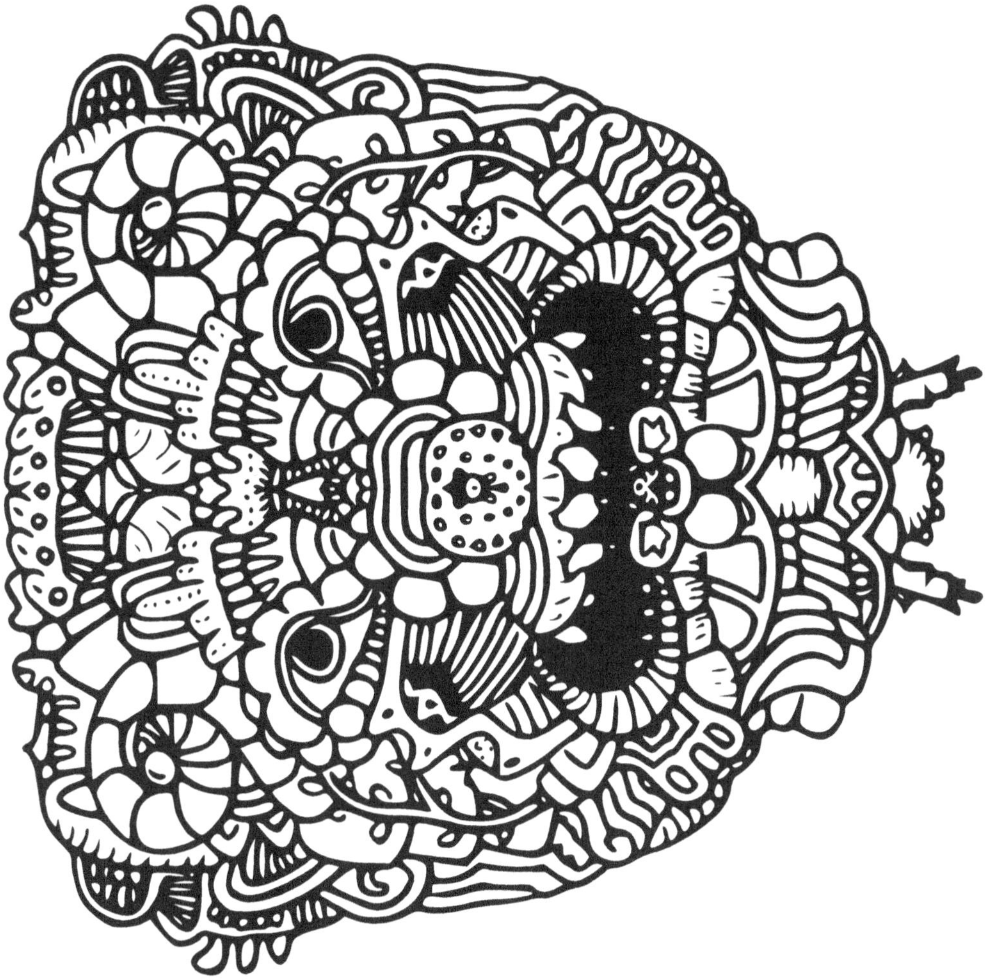

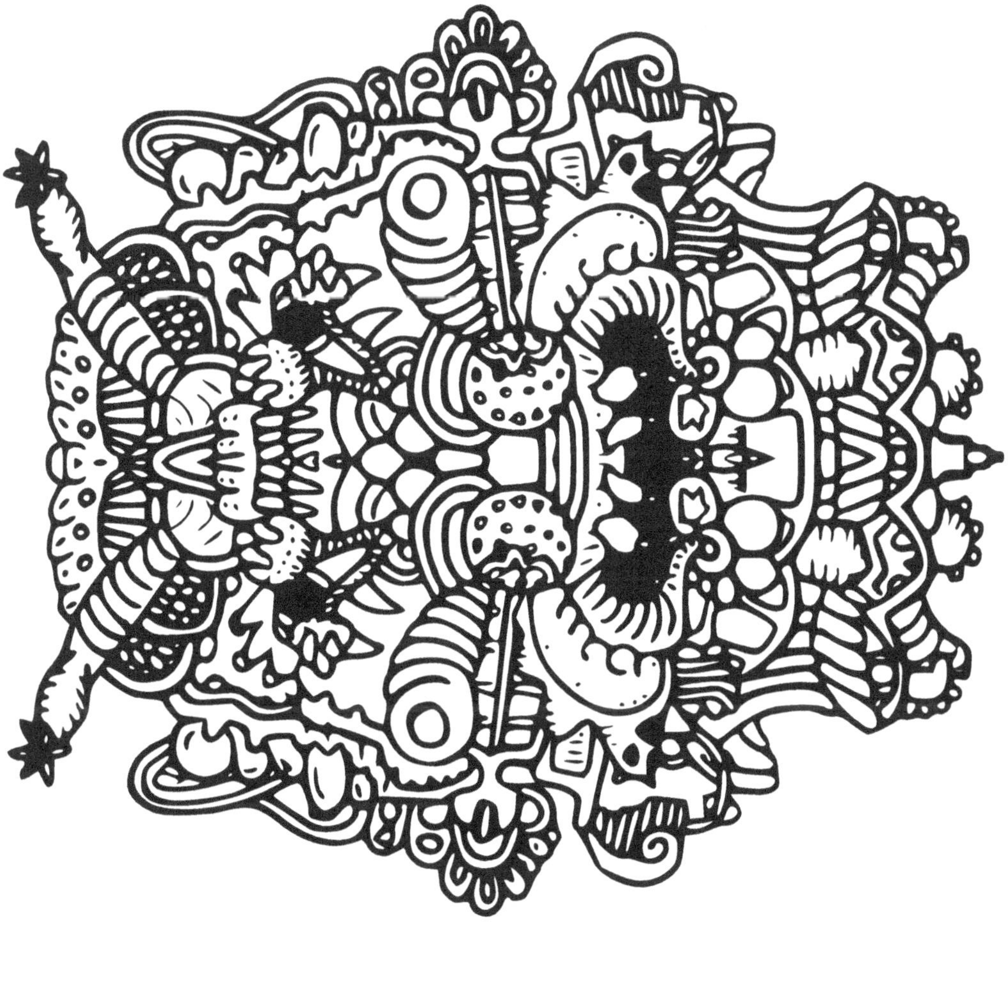

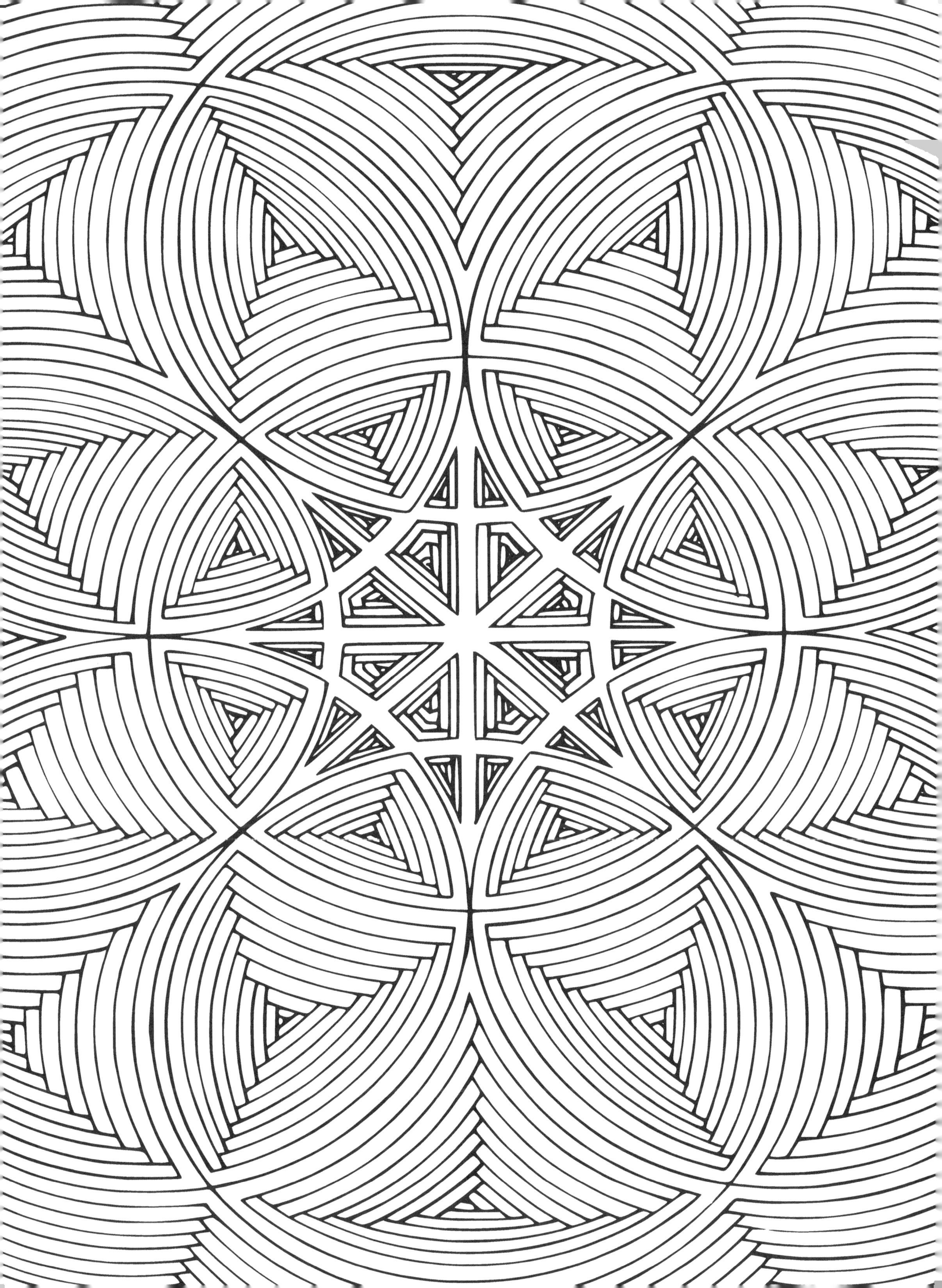

www.ingramcontent.com/pod-product-compliance
Lightning Source LLC
Chambersburg PA
CBHW080601180526
45168CB00007B/2736
* 9 7 8 1 5 1 1 7 3 2 5 1 2 *